Bildwelten des Wissens

Kunsthistorisches Jahrbuch für Bildkritik

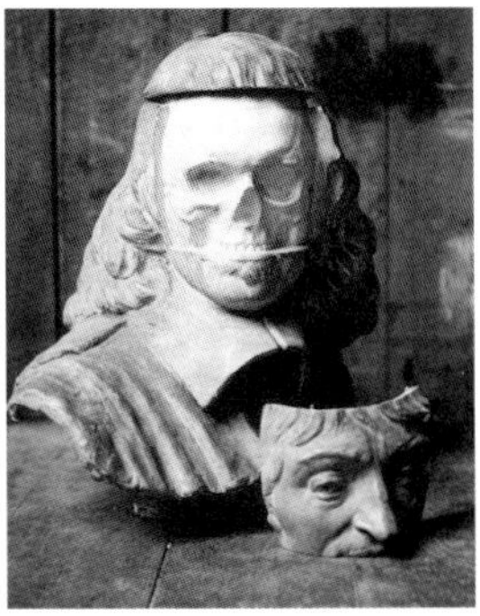

1

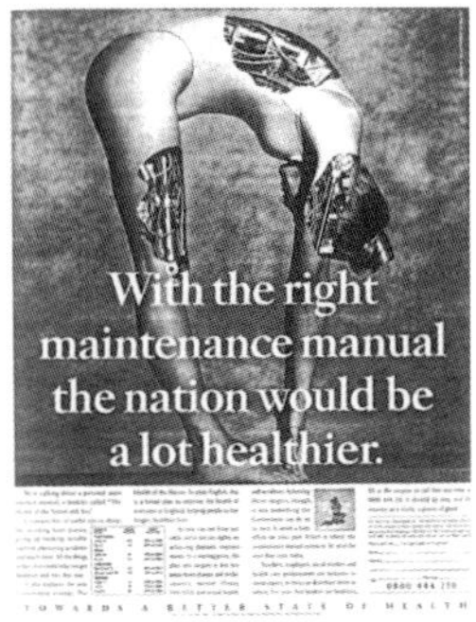

2

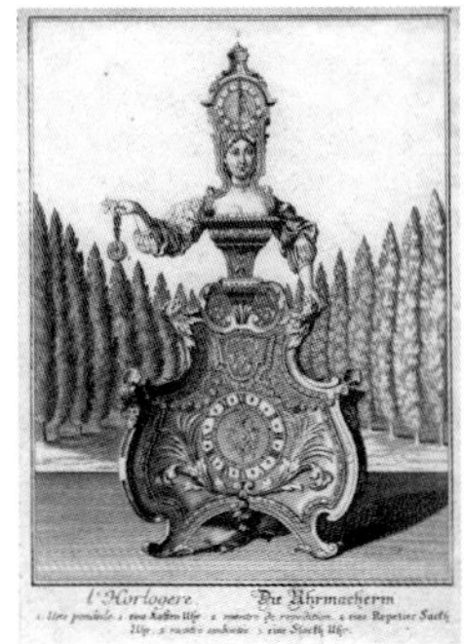

3

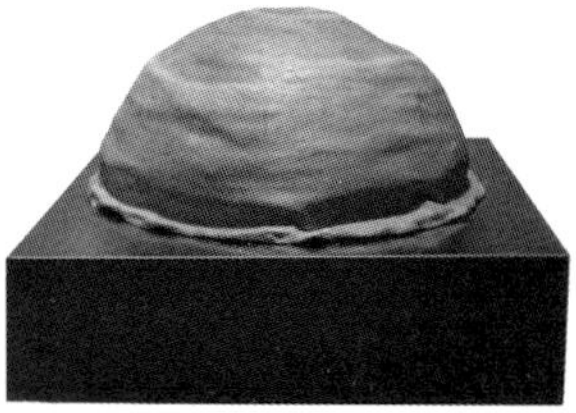

4

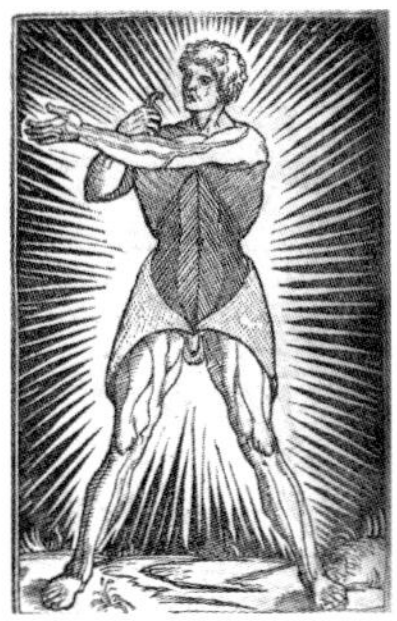

5

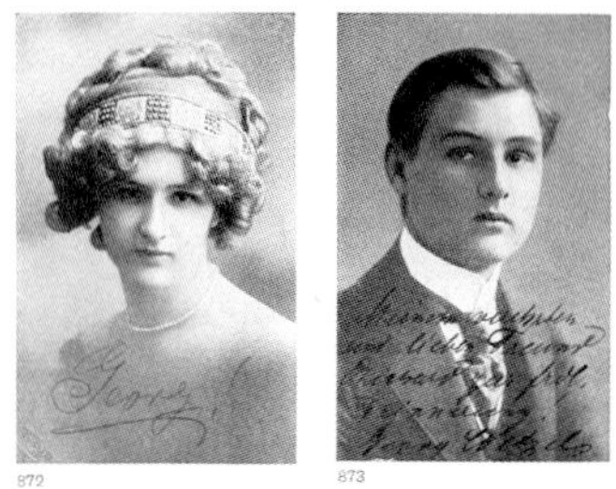

6

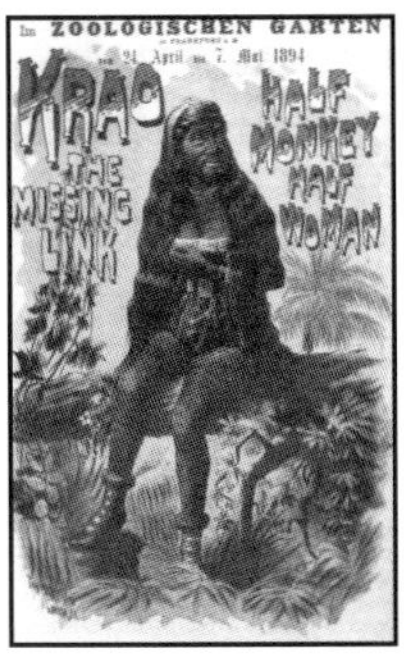

7

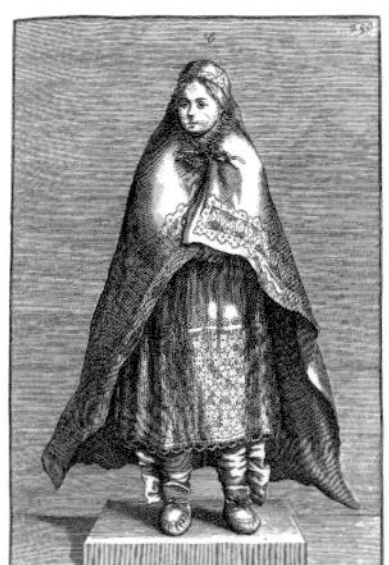

8

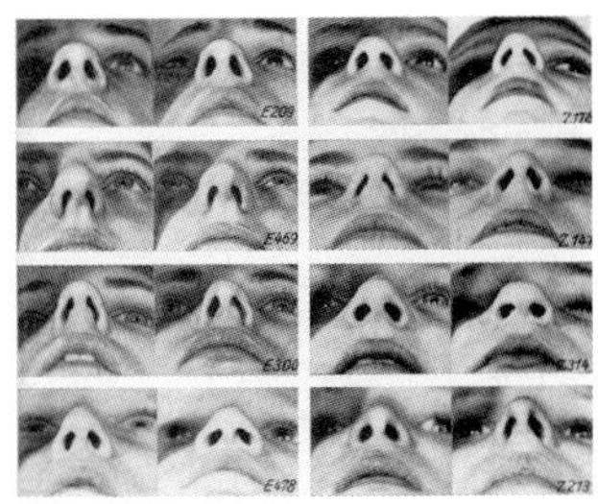

9

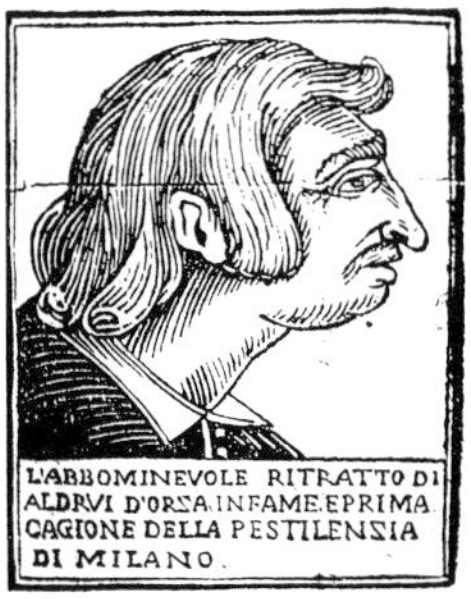

10

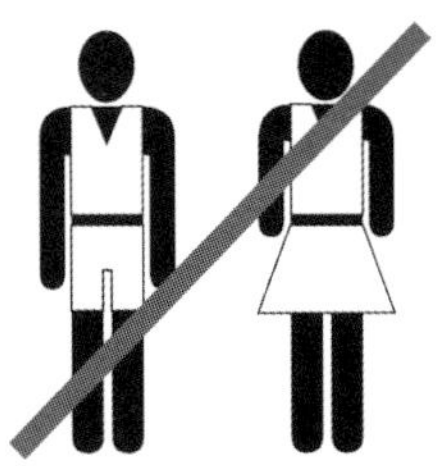

11

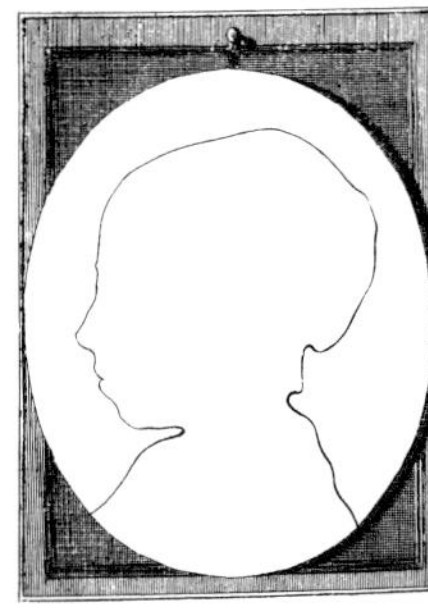

12

1: Büste René Descartes' mit einmontiertem Schädelabguss. Im Zuge der Echtheitsprüfung und Zuschreibung des Schädels erstellt von Paul Riche Paris 1913. **2:** Motiv einer Anzeigenkampagne des UK Department of Health, National Health Service, 1993. **3:** Martin Engelbrecht: Die Uhrmacherin Kupferstich, Augsburg, um 1740. **4:** Paula Gaetano Adi: Alexitimia (Alexithymie), 2006. Die Arbeit interagiert mit dem Besucher der Ausstellung übe ihre Oberfläche. **5:** Muskeln, tiefe Schicht, nach Jacopo Berengario da Carpi: Isagogae breves, 1523. **6:** „Georg W. als Weib und Mann" aus Magnus Hirschfelds Geschlechtskunde, 1930. **7:** Plakat zur Ausstellung der Affenfrau Krao im Zoologischen Garten Frankfurt/M. 1894. **8:** Bekleidung der Sioux aus Neufrankreich, heute Quebec, aus Filippo Bonannis Katalog der Sammlung des Musaeum Kircherianum in Rom, 1709. **9:** Nasenbodenformen vor Zwillingen, Links „erbgleich", rechts „erbverschieden", aus dem „Handbuch der Erbbiologie des Menschen", Berlin 1940. **10:** „Schauerliches Bildnis des Aldrui d'Orsa, dem infamen Verantwortlichen für die Pest von Mailand", Holzschnitt 1631. **11:** Kleidungsgebot an der Kirche San Giacomo dell'Oric Venedig. **12:** „Vignette eines sehr lebhaften, frühzeitigen Kindes" aus Lavaters Physiognomischen Fragmenten, 1776–1778.

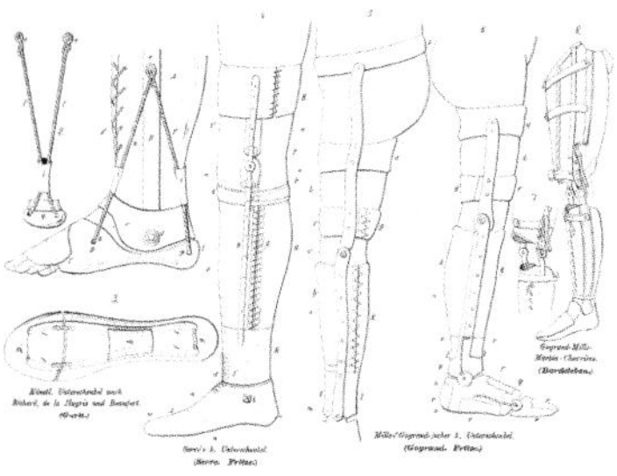

13

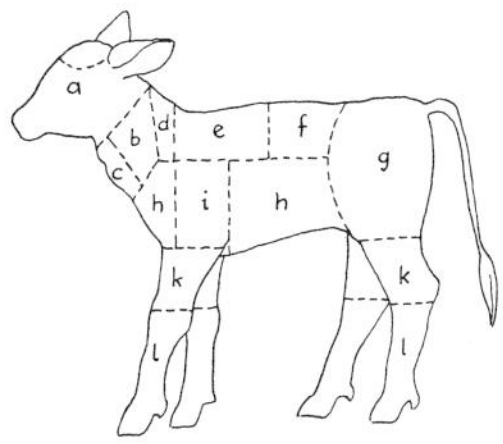

14

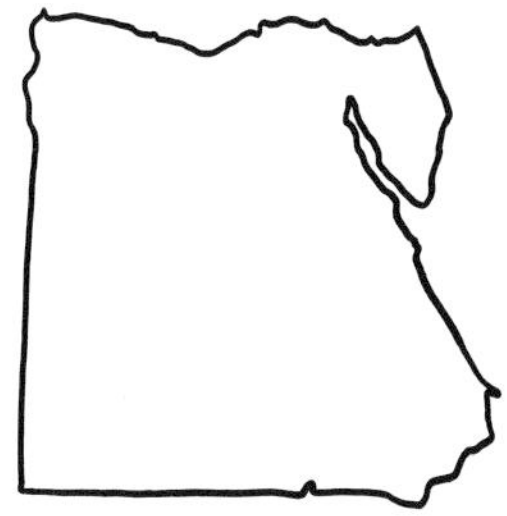

15

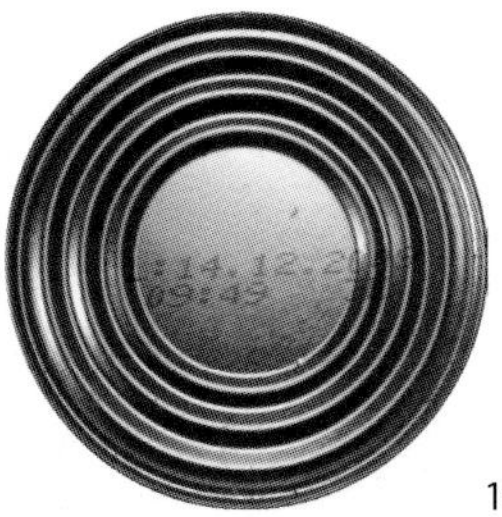

16

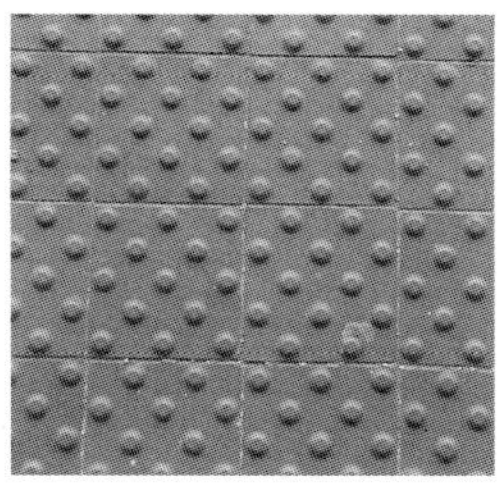

17

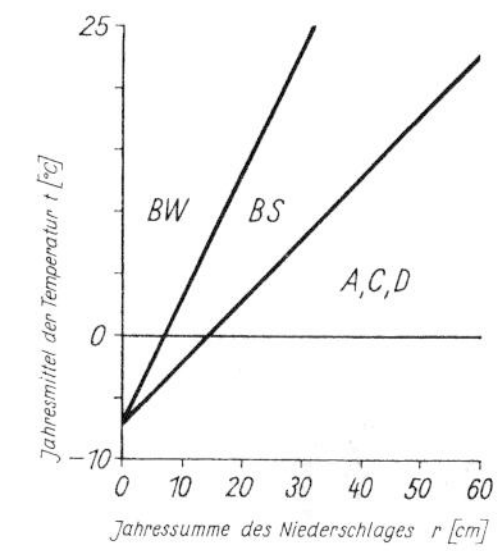

18

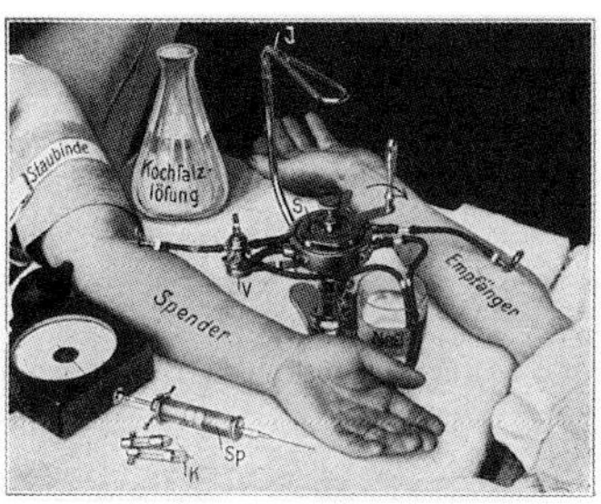

19

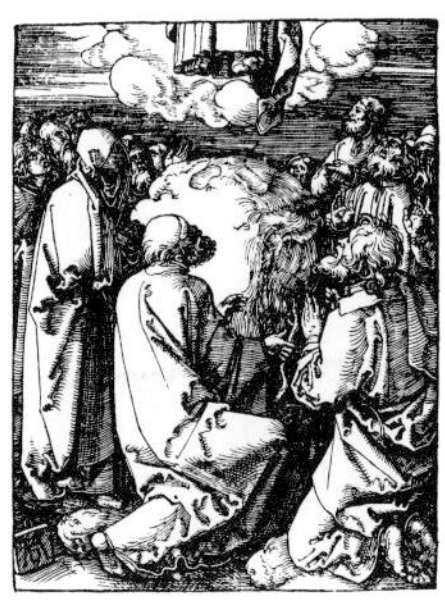

20

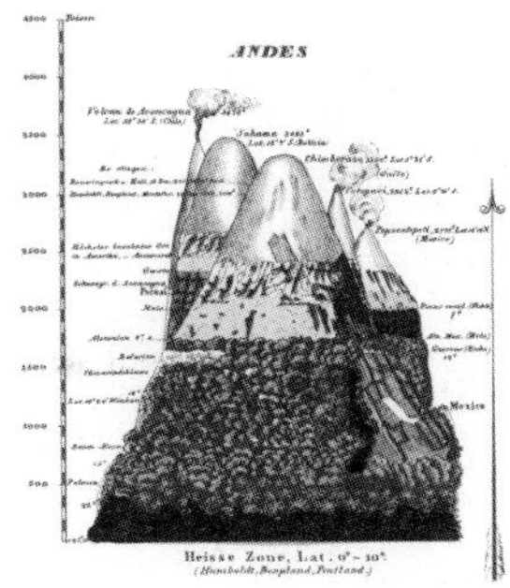

21

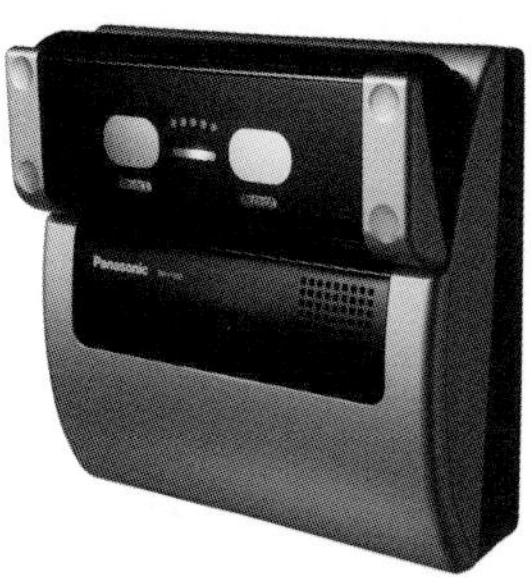

22

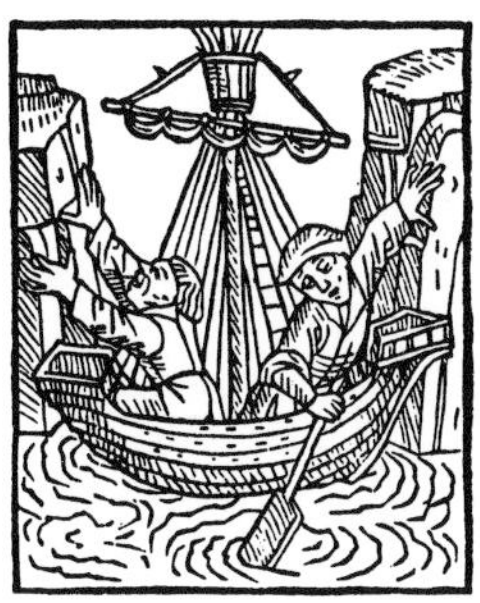

23

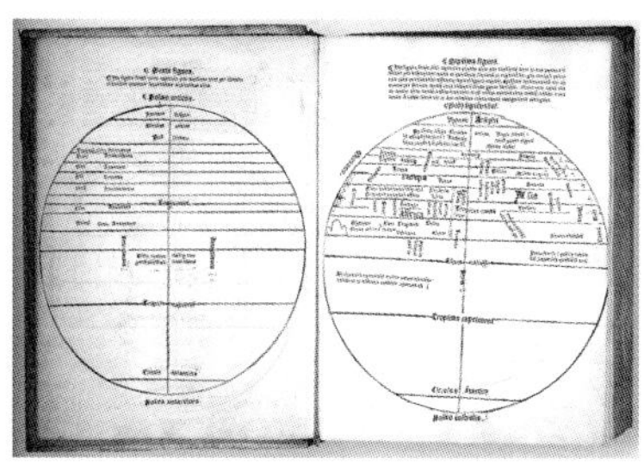

24

13: Studienblatt mit künstlichen Unterschenkeln, Mitte des 19. Jh., aus Otto Kampinskis Atlas „Studien über künstliche Glieder", 1881. **14:** Kalbfleisch. Übersichtsgrafik zur Bezeichnung der Körperregionen eines Kalbes in einem Kochbuch, ca. 1950. **15:** Politische Grenzen der Arabischen Republik Ägypten, o. J. **16:** Mindesthaltbarkeitsdatum auf der Unterseite einer Konservendose. **17:** Noppenpflaster als Blindenleitsystem. **18:** Trockengrenzen bei gleichmäßiger Verteilung des Niederschlages aus einem Schulbuch, 1988. **19:** Bluttransfusion von Mensch zu Mensch, um 1925. **20:** Himmelfahrt Christi aus Albrecht Dürers „Kleiner Passion", Nürnberg 1511. **21:** Die Verbreitung der Pflanzen auf den Bergen in der heißen Zone, Schema aus Berghaus' Schulatlas, 1850. **22:** Panasonic BM-ET200, in Serie produzierter Iris-Leser zur Zugangskontrolle. **23:** Die Magnetberge. Holzschnitt aus Franz von Retz' Defensorum Inviolatae Virginitatis Beatae Mariae, um 1490. **24:** Klimakarte der Erde, aus Pierre d'Ailly: Imago Mundi, Löwen 1480/83, beschreibt die noch unerforschte westliche Hemisphäre als für den Menschen bewohnbar.

Herausgegeben von
Horst Bredekamp, Matthias Bruhn und Gabriele Werner

Verantwortlich für diesen Band
Angela Fischel

Redaktion
Das Technische Bild

Bildwelten des Wissens

Kunsthistorisches Jahrbuch für Bildkritik. Band 6,2

Grenzbilder

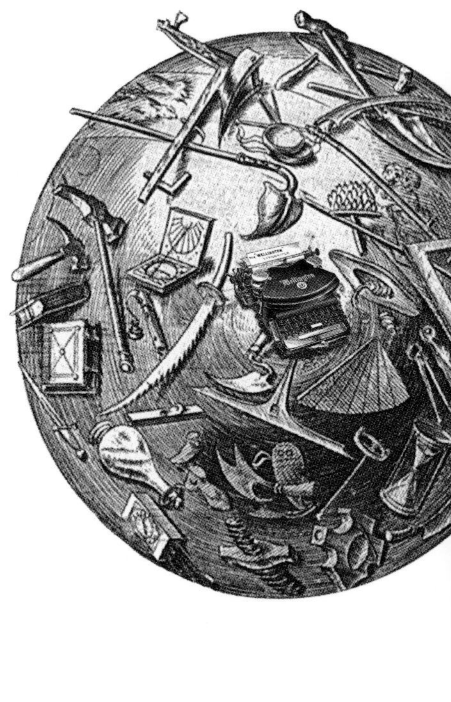

Akademie Verlag

Inhaltsverzeichnis

Editorial

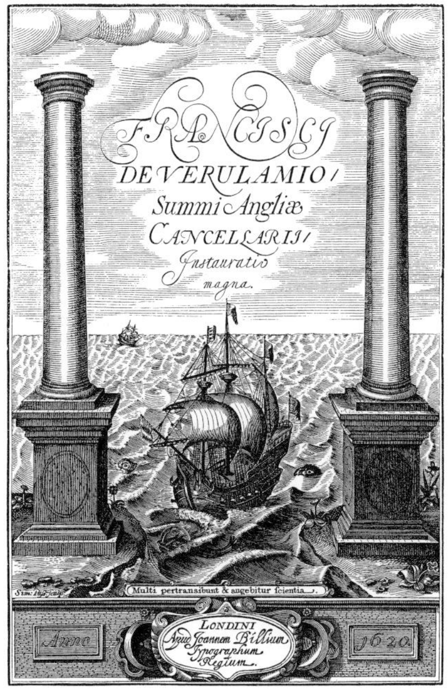

Abb. 1: Francis Bacon: Instauratio magna, London 1620.

An der Meerenge von Gibraltar, so die griechische Mythologie, markierten einst die Säulen des Herakles die Grenze der bewohnbaren Welt. Im Wappen Kaiser Karls V. wurden diese Säulen später zu Ikonen der Grenzüberschreitung, das „Non plus ultra" der Weltgrenze umgedeutet in ein kämpferisches „Plus ultra". Diese Umkehrung einer unpassierbaren Grenze in eine Passage fordert seither zu permanenter Überschreitung auf. 1620 wurde das Motiv der Meerenge auch zum Titelbild der „Instauratio magna" von Francis Bacon gewählt – einem Gründungsdokument moderner Wissenschaft, das für die grundlegende Verbindung von neuzeitlichen Grenzvorstellungen und modernem wissenschaftlichen Denken steht. Die Figur der Grenzüberschreitung wurde seit dem zum Topos jeglicher Wissenschaft, die sich als Erforschung einer terra incognita begreift.

Paradoxer Weise aber kehrt Bacons unter vollen Segeln stehendes Schiff, von einem kräftigen Rückenwind getrieben, zu den Grenzsäulen zurück, anstatt über den Horizont hinauszugehen. Damit erfährt das Säulenpaar von Gibraltar eine zweite Umdeutung. Die terra incognita kehrt zur terra cognita zurück.

Das Emblem verknüpft frühkapitalistische Expansion und wissenschaftliches Ethos, so wie seine historische Wandelbarkeit zugleich die Allgegenwart von Grenzen und ihre definitorische Macht, weit über den geopolitischen Raum hinaus, bezeichnet. Die Überschreitung wie Einhaltung von Grenzen erweist sich als zentrales Dreh- und Bezugsmoment gesellschaftlicher Ordnung, das sie, von den äußeren Demarkationen der Welt und des Staats bis tief hinein in die Ordnung der lebenden Natur und des Mikrokomos Mensch, strukturiert und organisiert.

Heute kehren dieselben Fragen in anderem Gewand wieder, als das Paradox von völliger globaler Entgrenzung und den vielen Grenzziehungen, die sich dadurch wiederum nach innen ergeben. Wenn keine territoriale Grenzziehung mehr die Herrschaft eines globalen „Empire" beschränke, so Antonio Negri und Michael Hardt in ihrem viel diskutierten Buch *Empire*, so finden sich andere Grenzen, die für das gegenwärtige Machtgefüge und den Charakter der gesellschaftlichen

Ordnung stehen. Während Globalisierungsbefürworter eine konservative Utopie der Welt als global village entwerfen, rüstet die westliche Welt ihre vermeintlichen „Ränder“ zur Festung auf. Grenzen wie diejenigen zwischen Mexiko und den USA avancieren zu hochgerüsteten Abwehranlagen. Zugleich weiten sich die Reichweiten von Grenzen aus, sie prägen in Gestalt von Institutionen und Organisationen oder Kampfbegriffen die politische Kultur der Gesellschaft. Damit ist auch die Frage ausgesprochen, in welcher Form Grenzen sichtbar werden oder bildgenerierende Kraft besitzen. Weit über den Kontext der geopolitischen Grenzdemarkation hinaus führt die Frage direkt zu den politischen Aspekten visueller Darstellungen und ihrem impliziten wie expliziten Grenzregime.

Grenzbilder, Demarkationen und die bildgebende Dynamik der Grenze werden im vorliegenden Heft anhand zweier Themenfelder exemplarisch analysiert: Die territorialen Grenzen der Stadt und des Staats in ihrer materiellen Gestaltung, ihrer metaphorischen Bedeutung und ihrem staatstheoretischen Entwurf werden im ersten Teil unter der Überschrift „Stadt und Staat“ thematisiert. Daran schließt unmittelbar das Thema der bildgenerierenden Funktion von Grenzen an, so wie diese schon für die Praxis der antiken Rhetorik beschrieben wurde: Hier ist der Bezug zu Grenzen konstitutiv, und er lässt sich lesen als profunde Kritik am platonischen Bildbegriff. Differenzierungen in und anhand von Bildern sind darüber hinaus wichtige analytische Instrumente der Naturwissenschaft. Den Schwerpunkt des zweiten Abschnitts „Körper und Klassifikationen“ bilden daher Beschreibungen von Grenzen bei der Erforschung und Systematisierung individueller biologischer Körper. Die konturierende Funktion der Körpergrenze „Haut“ sowie ihre Relation zum Körperinneren in der Anatomie veranschaulicht zugleich das komplexe Verhältnis von künstlerischem und wissenschaftlichem Arbeiten. Differenzierungen wie die zwischen Mensch und Tier, lassen sich als Mittel der Identifizierung von Charakteren beschreiben.

Die Kunst- und Kulturwissenschaften benennen somit gute Argumente dafür, dem Begriff der Grenze seine polare Zweidimensionalität zu nehmen. Als Konsequenz deutet sich nicht etwa die Aufhebung aller Grenzen, sondern vielmehr eine differenzierte Vorstellung vom konstruierten wie konstruktiven, trennenden wie verbindenden Charakter von Grenzen an.

Angela Fischel und die Herausgeber

Niels Werber

Kleiner Grenzverkehr. Das Bild der sozialen Insekten in der Selbstbeschreibung der Gesellschaft

Das Problem: Bilder *der* Gesellschaft

Der Leviathan sei das „stärkste und mächtigste Bild" in der langen Geschichte der Versuche, die „Einheit" des „Gemeinwesens" der Menschen darzustellen, so schreibt Carl Schmitt.[1] Gerade die „visuelle Strategie" des Hobbes'schen *Leviathan*, so könnte man hinzufügen, hat sich als ungemein erfolgreich erwiesen, weil sein berühmter Frontispiz den aus abstrakten, vertragstheoretischen Annahmen extrapolierten Commonwealth sinnlich erfahrbar werden lässt.[2] Die Einheit der unübersehbar vielen Einzelpersonen, die der Staatskörper in sich integriert, wird im Bild sinn- und augenfällig (Abb. 1). Dass Carl Schmitt den Leviathan das „stärkste" Bild nennt, impliziert, dass es auch andere, schwächere geben müsste. Diese Möglichkeit anderer Bilder der Einheit verweist auf die Kontingenz und Konkurrenz von Visualisierungsstrategien, die auf das Ganze und Typische der Gesellschaft zielen. Gemeinsam ist ihnen, zu diesem Zweck auf „spektakuläre Merkmale" zurückzugreifen,[3] denen im günstigsten Fall als anschauliche Reduktionen unbestimmbarer Komplexität „unschlagbare Evidenz" zukommen kann.[4] Wie die „Konturen" jener Gesellschaft verlaufen, die wir für die unsere halten, hängt vom Erfolg der „Kandidaturen für Sinnformen der Selbstbeschreibung" ab.[5] Niklas Luhmanns Evidenz-Begriff meint hier etwas ganz Ähnliches wie Horst Bredekamps Konzept der visuellen Strategie: Wenn die Strategie aufgeht oder die Evidenz

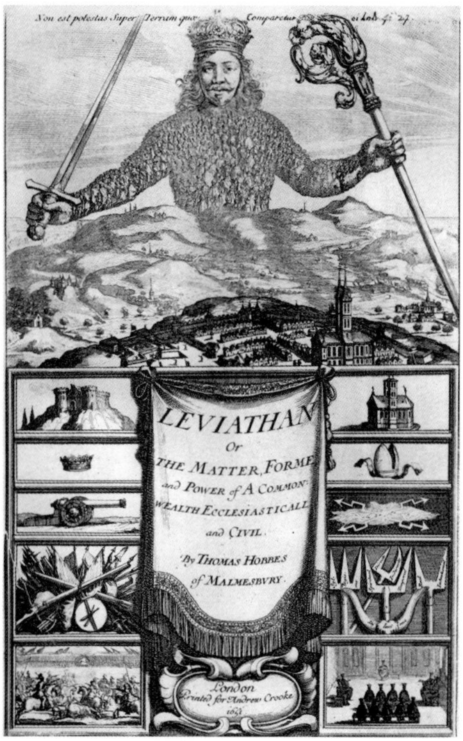

Abb. 1: Frontispiz zu Thomas Hobbes: Leviathan, 1651.

1 Carl Schmitt: Der Leviathan in der Staatslehre des Thomas Hobbes. Sinn und Fehlschlag eines politischen Symbols [Hamburg 1938], Stuttgart 1982, S. 9f.2

2 Horst Bredekamp: Thomas Hobbes. Der Leviathan. Das Urbild des modernen Staates und seine Gegenbilder. 1651–2001, Berlin 2003, S. 9 u. S. 72.

3 Niklas Luhmann: Die Gesellschaft der Gesellschaft, Frankfurt a.M. 1997, S. 1088f.

4 Luhmann (s. Anm. 3), S. 149.

5 Luhmann (s. Anm. 3), S. 1095.

einleuchtet, geraten Alternativen außer Sicht.[6] Das macht ihren Erfolg aus, schließt jedoch die Möglichkeit von „Gegenbildern“ nicht aus, sondern ein. Denn evidente oder strategische Bilder werden nur benötigt, um andere Bilder zu entmachten. Nicht erst Luhmanns eigener, „unschlagbar“ evidenter Entwurf einer „Weltgesellschaft“ muss mit alternativen Selbstbeschreibungsformeln zurechtzukommen suchen, beispielsweise mit der von Manuel Castells, Bruno Latour oder Dirk Baecker lancierten „Netzwerkgesellschaft“.[7] Bereits der Autor des *Leviathan* weiß, dass andere Bilder denkbar sein müssen. Weil der von Hobbes entworfene Staat kein „gottgebenes oder natürliches Produkt des zoon politicon“ ist, sondern ein „artifiziell als Kunstwerk zu schaffendes Gebilde“,[8] sind Gestaltungsalternativen vorstellbar. Denn was weder göttlich noch natürlich ist, verdankt seine Konturen den Konstrukteuren – und ist deshalb ein kontingenter Kandidat.
Dies gilt auch für sogenannte starke Bilder. Weil Selbstbeschreibungsformeln kontingent sind, da sie mit anderen Sinnbildern der Einheit der Gesellschaft konkurrieren und in diesem massenmedial geführten Wettstreit unterliegen oder obsiegen, lässt sich nach den Erfolgsbedingungen solcher Semantiken fragen. Carl Schmitt macht dies explizit. Was die Position des Leviathan in dieser langen Reihe von Versuchen betrifft, Selbstbeschreibungsformeln zu etablieren, so müsse ein Fehlschlag verbucht werden, lautet sein Resümee. Das mythische Bild tauge nicht zum Symbol des Zeitalters.[9] Dies trifft heute auch insofern zu, als kaum ein Soziologe die Formel noch zur Beschreibung der Gesellschaft verwenden würde. „Es gibt keinen Leviathan“, stellen Michel Callon und Bruno Latour ausdrücklich fest.[10] Dies liege nicht etwa daran, dass Hobbes' Leviathan schließlich geschlachtet, zerlegt und ausgeweidet worden sei, wie Schmitt mit Bedauern feststellt,[11] sondern daran, dass es sich bei allen diesen noch so starken

6 Niklas Luhmann: Einführung in die Theorie der Gesellschaft (Bielefelder Vorlesung WS 1992/1993), hg. v. Dirk Baecker, Heidelberg 2005, S. 224.

7 Niels Werber: Netzwerkgesellschaft. Zur Kommunikationsgeschichte von „technoiden“ Selbstbeschreibungsformeln. In: Archiv für Mediengeschichte. Kulturgeschichte als Mediengeschichte (oder vice versa)? Nr. 6, 2006, S. 179–192.

8 Bredekamp (s. Anm. 2), S. 67f.

9 Schmitt (s. Anm. 1), S. 124.

10 Michel Callon, Bruno Latour: Die Demontage des großen Leviathans (1981). In: ANThology. Ein einführendes Handbuch zur Akteur-Netzwerk-Theorie, hg. v. Andrea Belliger, David J. Krieger, Bielefeld 2006, S. 75–101, S. 81.

11 Schmitt (s. Anm. 1), S. 56 u. S. 124. Die Formulierungen sind ambivalent. Sie haben eine antisemitische und antiliberale Spitze, können aber auch auf die Okkupation des Staates durch „Bewegung“ und Partei des Nationalsozialismus bezogen werden.

Bildern des mächtigen Staatstieres um nichts anderes als um Schauspiele handele,[12] die Soziologen, Politologen oder Publizisten aufführten, um dem staunenden Publikum ein Ganzes zu präsentieren, das es nicht gebe.[13]

Vom großen zum kleinen politischen Tier

Mit spektakulärer Geste, die keinen Gedanken an die Kontingenz ihrer Botschaft aufkommen lässt, erklärt Latour den Verzicht darauf, „DIE Gesellschaft oder das Große Tier zu beschreiben".[14] Ihren Untersuchungsgegenstand findet die von Latour als Alternative präsentierte und stets *ANT* genannte *Akteur-Netzwerk-Theorie* in jenem Gewimmel der vielen kleinen Tiere, das hinter den Kulissen des Big Picture zu finden sei.[15] „Gewimmel, *Fourmillement*" – dies klingt nun schon sehr nach Ameisen. Statt die Leichen der Leviathane zu sezieren,[16] solle der ANT-Forscher sich an eine Ethologie der kleinen Tiere begeben. Der Hobbes'sche Staatskörper hat seine Form eingebüßt, und die von seinen Grenzen zusammengehaltenen Agenten wimmeln nun führungslos über Land und Meer hinweg. Um die Elemente und Akteure des Sozialen zu versammeln und ein soziales Feld als Netzwerk zu entwerfen, so Latour, müsse der ANT-Forscher sich „wie eine Ameise abmühen [...], um noch die allerwinzigste Verbindung herzustellen".[17] Statt das Soziale in den größeren Rahmen zu stellen,[18] solle ANT die Landschaft flach halten.[19]

Dass die Ameise überhaupt als Bildfeld zu fungieren vermag, das die Konzeption des Sozialen als eines Netzwerkes von Akteuren und Mittlern mit Evidenz versorgt, ist einerseits der antiken Fabel und ihrer bis heute lebendigen Tradition zu verdanken, anderseits der bereits von Aristoteles aufgeworfenen Frage, ob Ameisen zu den politischen Geschöpfen gezählt werden müssen, weil sie Staaten bilden.[20]

12 Callon, Latour (s. Anm. 10), S. 81.

13 Bruno Latour: Eine neue Soziologie für eine neue Gesellschaft. Einführung in die Akteur-Netzwerk-Theorie (2005), Frankfurt a.M. 2007, S. 325.

14 Bruno Latour: On recalling ANT (1999). In: Actor Network Theory and after, hg. v. John Law, John Hassard, Oxford 2005, S. 15–25, S. 17. So auch, mit einer Spitze gegen Platon, Latour (s. Anm. 13), S. 296.

15 Callon, Latour (s. Anm. 10), S. 99.

16 Callon, Latour (s. Anm. 10), S. 99.

17 Latour (s. Anm. 13), S. 48.

18 Latour (s. Anm. 13), S. 300.

19 Latour (s. Anm. 13), S. 304.

20 Dazu kritisch Thomas Hobbes: Grundzüge der Philosophie. Zweiter und dritter Teil: Lehre vom Menschen und Bürger (1642–58), Leipzig 1918, S. 131f.

24 I. SAMBVCI

Vniuerſus ſtatus, ἡ λαοκρατία.

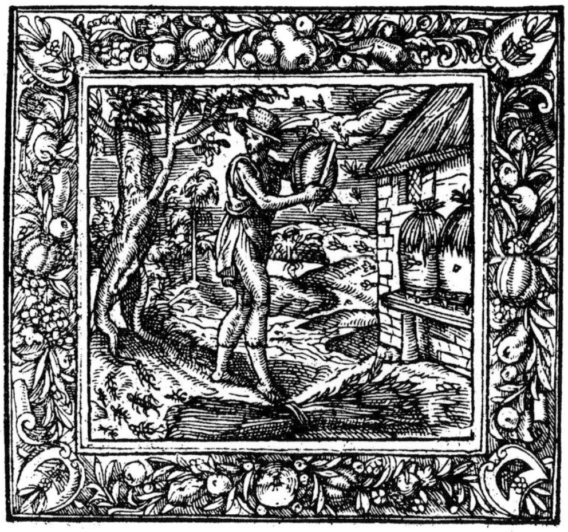

FORMICAS homines factas dixere poëtæ,
Senſus ineſt aliquis, prouida cura mouet.
Sed ſine iudicio concurrunt lege ſolutæ:
Et glomerat montes paruula turba ſuos.
Commouet has quiduis trepidas, Duce, Rege carentque,
Ordo tenet nullus, ſollicitatque furor.
Has turbant ſonitus, apibus dum ruſticus aptam
Conſtituit ſedem, & conuocat alueolis.
Quum coëunt ciues ſine legibus, imperiumque
Omnibus æquale eſt, ius, gladiusque ſilent,
Et niſi ſeditio populum vexatque tumultus,
Præmia

Abb. 2: Universus status. Johannes Sambucus: Emblemata, Antwerpen 1564, S. 24.

Die *Emblemata* des Johannes Sambucus von 1564 formulieren dazu eine klare Zustimmung, und dies, obwohl Ameisen keine Instanz haben, die ihnen befiehlt oder Gesetze gibt (Abb. 2). Sie bilden offenbar eine kooperative wie effiziente Gemeinschaft, die ohne hierarchische oder zentralistische Organisation auskommt: „Omnibus aequale est, sine legibus imperiumque." Das Bild der wimmelnden Ameise verweist auf die Möglichkeit einer „isokratischen" sozialen Ordnung als Alternative zu den hierarchischen und zentralistischen (Bienen-)Königreichen. Pope, Voltaire und Lessing bestaunen die Ameisen als republikanische Gattung. Sie haben „keinen Herrscher, keinen Aufseher oder Vorgesetzten",[21] und dennoch agieren sie kollektiv und zielführend, „indem sie in allem übereinstimmen, d.h. dasselbe tun oder unterlassen, ihre Handlungen so auf ein gemeinsames Ziel richten, dass ihre Vereinigung keinem Aufruhr ausgesetzt ist".[22] Hobbes' Grundproblem des Politischen, den Bürgerkrieg, haben sie immer schon gelöst.

Die von Äsop, Aristoteles oder dem Alten Testament etablierten Analogien zwischen Mensch und Ameise liefern Vorlagen und Bilder für eine Fülle von Identifizierungen, die heute von der Entomologie, der Ethologie, der Kybernetik und der Soziologie vorgenommen werden. Bei der Beschreibung und Implementierung allgemeiner Gesetze der Kommunikation, der Steuerung und der Selbstorganisation wird die Grenze zwischen Mensch und Ameise aus-

21 Für diese Ansicht aus dem antiken Nahen Osten (hebräisch, arabisch, AT) siehe Peter Riede: Im Spiegel der Tiere. Studien zum Verhältnis von Mensch und Tier im alten Israel. In: Orbis Biblicus et Orientalis, Bd. 187, 2002, S. 7.

22 Hobbes (s. Anm 20), S. 131.

drücklich eingezogen. Die moderne Ameisenforschung begnügt sich nicht mit der Bewunderung des fabelhaften Fleißes der Ameise, sondern studiert an der Ameisengesellschaft die universalen Grundprinzipien von Kommunikation und Kybernetik, also Regeln und Algorithmen, die sich auf die menschliche Gesellschaft übertragen lassen, weil auch diese Gesellschaft kommuniziert. Der Transfer von Merkmalen zwischen Ameise und Mensch basiert also nicht auf einer Analogie, sondern auf dem Postulat, dass Gesellschaften welcher Wesen auch immer nach einheitlichen Regeln beschrieben werden können, wie die Myrmekologie von Wheeler bis Wilson immer wieder feststellen wird.[23] Statt die seit Jahrhunderten bewunderte materielle wie organisatorische Komplexität dieser sozialen Insekten mit dem Generalplan eines Kollektivinstinkts zu erklären,[24] der dann als größerer Rahmen allen Details ihren Platz zuweist, favorisiert die kybernetisch geschulte Nachkriegs-Myrmekologie die Modellierung einer Ameisengesellschaft auf der Grundlage weniger Verhaltensregeln und ihrer Verstärkung durch feed-back-loops.[25] Die Genese hochkomplexer Nestarchitekturen und kollektiver Aktionen wird nicht von oben, sondern auf der Ebene der „simplen Akteure" und ihrer einfachen Regeln deduziert.[26] In Einklang damit, dass Soziologen wie Talcott Parsons und Niklas Luhmann darauf ver-

23 William Morton Wheeler: Social Insects, New York 1928. Wheeler rezipiert hier die Werke Paretos, Spencers, Durkheims, Le Bons und Tardes. Zur Expansion der soziobiologischen Thesen in der Raum der Humansoziologie bei Wilson: Donald Stone Sade: Review: The Evolution of Sociality. In: Science, 42, 11. Jg., Nr. 190, 17. Oct. 1975, S. 261–263.

24 Maurice Maeterlinck: Das Leben der Termiten. Das Leben der Ameisen (1926/1930), hg. v. dem Kreis der Nobelpreisfreunde, Zürich o.J., S. 254. Zur Polemik gegen Erich Wasman als „Jesuit instinct monger" bei Wheeler (s. Anm., 23), S. 230.

25 Bert Hölldobler, Edward Oswald Wilson: The Ants. Berlin/Heidelberg u. a. 1990, S. 359 u. S. 362. Für ein frühes Beispiel dieses Paradigmas Arturo Rosenblueth, Norbert Wiener, Julian Bigelow: Behavior, Purpose and Teleology. In: Philosophy of Science, Nr. 10, 1. Jg., 1943, S. 18–24.

26 Eric Bonabeau, Marco Dorigo, Guy Theraulaz: Swarm Intelligence. From Natural to Artificial Systems, Oxford 1999, S. 205 u. 41. Auch James Kennedy: Review of Engelbrecht's Fundamentals of Computational Swarm Intelligence. In: Genet Program Evolvable Mach, Nr. 8, 2007, S. 107–109, S. 108: „The ant algorithms largely derive from studies of social insects. It was found that complex patterns of behaviors could be simulated by implementation of small sets of simple rules. Phenomena such as dome-building, discovery of the shortest path from nest to food, and aggregation of corpses in discrete and well-ordered ‚cemeteries' can be accomplished by organisms with very simple brains by distributing the task across the population. No individual has to accomplish much or understand the whole problem, but collectively they can perform incredible engineering feats."

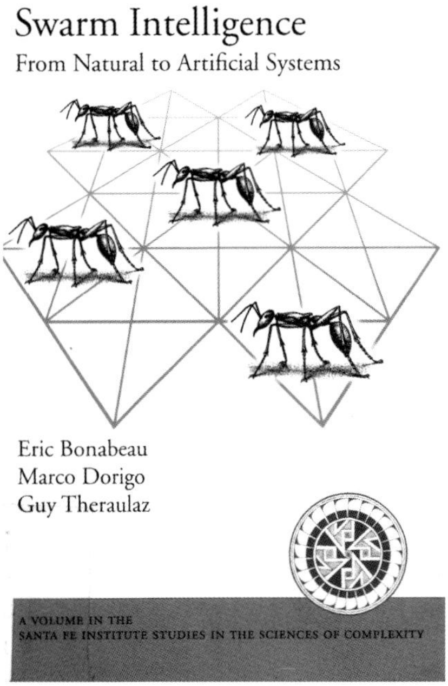

Abb. 3: Swarm Intelligence, Cover zu Eric Bonabeau, Marco Dorigo, Guy Theraulaz: Swarm Intelligence. From Natural to Artificial Systems, New York u.a. 1999.

zichten, in ihren Modellierungen der Gesellschaft das Individuum mit seinen Intentionen und Emotionen zu berücksichtigen, wendet sich auch die Myrmekologie von der Frage der Intelligenz oder des Instinkts der Einzelameise ab und der kybernetischen Beschreibung der Ameisengesellschaft als selbstorganisierendem Kommunikationssystem zu. Es geht um eine Verlagerung des Untersuchungsfokus: „away from the inner mechanisms of the individual – and especialy from the brain – and out into the connection between people" beziehungsweise anderer „agents" oder „ants".[27] Die moderne Ameisenforschung ersetzt die hierarchische Asymmetrie zentraler Steuerung und peripheren Befehlsempfangs durch die emergente Selbstorganisation der Akteure (Abb. 3).[28] Dies hat den Vorzug, dass dieses Modell nicht nur für humane Strukturen greift. Ob es sich bei den schwärmenden Einheiten nun um Router, Roboter, Ameisen oder Soldaten handelt: „The individual behaviours of swarm members do not indicate the nature of the emergent collective behaviour and the solution process is generally very robust to the loss of individual swarm members."[29] Für Militärberater wie für Kybernetiker ist es unerheblich, ob es sich bei diesen simplen Akteuren (unsophisticated agents) nun um Ameisen oder Soldaten handelt.[30] Im Bild des Schwarms hat die Ameisenforschung ein äußerst suggestives wie attraktives Bild angeboten, dessen Konnotationen in den letzten Jahren vollkommen ausgetauscht worden sind: Der bedrohliche Schwarm der Horrorfilmindustrie hat der vorbildlichen Gemeinschaft von Animationsfilmen wie *Antz* oder *A Bug's Life* Platz gemacht. Die Frage, wie sich Gesellschaften vor tödlichen Ameisenschwärmen zu schützen haben, ist der Überlegung gewichen, was man „von Ameisen lernen" könne.[31]

27 James Kennedy, Russel C. Eberhart: Swarm Intelligence, San Francisco 2001, S. 419.
28 Bonabeau, Dorigo, Theraulaz (s. Anm. 26), S. xi u. 6.
29 Tony White: Expert Assessment of Stigmergy: A Report for the Department of National Defence, Ontario 2005, S. i.
30 Eyal Weizman: Lethal Theory. In: Log, Nr. 7, 2006, S. 53–77, S. 62.
31 Steven Blythe: Von den Ameisen lernen. In: Brand Eins, Nr. 6, 2002, S. 122–125.

Transfers. Von der Entomologie zur Soziologie und retour

An jener entscheidenden Stelle in Carl Schmitts Leviathan-Buch, an der das „Große Tier“ geschlachtet und ausgeweidet wird, an dem Punkt also, auf den Latours Aufforderung verweist, man möge sich an jener Leichenfledderei nicht länger beteiligen, sondern den „kleinen Tieren“ folgen, kommt auch Schmitt auf die „Staaten“ der „Ameisen“ zu sprechen.[32] Schon Hobbes fragt nach der Staatenbildung von Bienen- und Ameisenvölkern und kommt zu einer verneinenden Antwort: Insekten schließen keine „Verträge“, daher „sind ihre Vereinigungen keine Staaten, und deshalb können diese Tiere keine politischen genannt werden“.[33] Wem es auf Gesellschaftsverträge nicht ankommt, sondern auf die Unterscheidung von Freund und Feind, der vermag sehr wohl gerade in der Ameise ein politisches Tier zu entdecken. Schmitt zitiert eine Autorität der Entomologie, Karl Escherich, der in der „Staatenbildung“ der sozialen Insekten, zu welchen neben Termiten und Bienen auch die Ameisen zählen, eine „ins kleinste durchgeführte Arbeitsorganisation“ findet, die größte „Disziplin“, einen „fanatischen Verteidigungswillen“, eine unerreichte „Aufopferungsbereitschaft für die Gemeinschaft“, eine Hingabe „jedes einzelnen an die Staatsidee“.[34] Und dieses Gemeinwesen, fährt Escherich mit der, wie Schmitt formuliert, „Übertragung dieser Vorstellung“ fort,[35] dieses Gemeinwesen gleiche „dem idealen Totalstaat so sehr, dass es wohl erlaubt ist, ihn dem Menschen als Vorbild vorzuhalten“. Das Raummodell dieses Totalstaats ist geopolitisch gedacht, und die Kämpfe um Raum und Ressourcen der Ameisen, die Unterwerfung schwächerer Spezies und ihre Abrichtung zu Heloten können zum natürlichen Vorbild einer expansiven, imperialen „Raumgestaltung“ werden, wie Ernst Jünger mit Blick auf „die Welt als [...] Schauplatz einer neuen Insektenspezies“ schreibt: den Arbeiter.[36] Die alte Frage, ob denn „so verschiedene Sozietätsformen, wie es Insekten- und Menschenstaaten darstellen, miteinander zu vergleichen“ seien, wird von Escherich unbedingt bejaht, denn, so lautet seine Begründung, die Wissenschaft habe „allgemeingültige Entwicklungsgesetze“ des Sozialen aufgestellt, die bezüglich der Organisations-, Logistik-, Versorgungs-, Verteilungs- und

32 Schmitt (s. Anm. 1), S. 58.

33 Hobbes (s. Anm. 20), S. 132.

34 Karl Escherich: Termitenwahn. Eine Münchener Rektoratsrede über die Erziehung zum politischen Menschen, München 1934, S. 17.

35 Schmitt (s. Anm. 1), S. 59.

36 Ernst Jünger: Der Arbeiter. Herrschaft und Gestalt (1932), Stuttgart 1982, S. 228 u. S. 241.

Verteidigungsprobleme einer jeden Sozialordnung gelten – „gleichgültig, ob es sich um Insekten- oder Menschenstaaten handelt“.[37]
Dieses Argument findet sich nicht nur in den Rektoratsreden von begeisterten Nationalsozialisten wie Karl Escherich. William Morton Wheeler, sein Kollege, Korrespondent und vermutlich der bedeutendste Myrmekologe des frühen 20. Jahrhunderts, hat auf der Überzeugung, dass das Soziale überall den gleichen Gesetzen folge, unabhängig davon, wo und in welcher Spezies es auftrete, seine Forschung zu den sozialen Insekten gebaut. Wheeler eröffnet seine Abhandlung *Die sozialen Insekten* mit der Feststellung, wir seien „selbst soziale Tiere“, ja „beinahe soziale Insekten“, und daher könne „niemand die erstaunlichen Analogien zur menschlichen Gesellschaft übersehen, die sich unaufhörlich enthüllen, sobald man als Verhaltensforscher Ameisen studiert“.[38] Diese Analogien eröffnet Wheeler tatsächlich auf Schritt und Tritt, bis er feststellt, als Biologe könne man dem Soziologen nur raten, auch seine Gesellschaften als Tier-Gesellschaften aufzufassen.[39] In seiner Parabel *Termitodoxa* von 1920, in der Wheeler die Sozialwesen von Termiten und Menschen so sehr analogisiert wie nur irgend möglich, lässt er seinen Protagonisten und Alter Ego Wee-Wee, einen König der Termiten, die Empfehlung aussprechen, die gesellschaftlichen Probleme besser von Biologen lösen zu lassen.[40] Wheeler wird sich diese zu eigen machen: In der „Biologisierung der anthropozentrischen Wissenschaften liegt die glühende Hoffnung aller Biologen“.[41] Und dies, weil sich an den sozialen Insekten studieren lasse, wie insbesondere die demografischen, hygienischen, ökologischen, medizinischen und organisatorischen Herausforderungen unserer Gesellschaft zu lösen seien.[42] Diese Schlussfolgerung zieht auch der Nachfolger auf Wheelers Lehrstuhl in Harward, Wilson. Gerade auf der Grundlage der „interlocking principles“ sozialer Organisationen von Menschen und Ameisen könne die Soziobiologie zu Erkenntnissen gelangen, deren Gewicht über die Welt der Ameisen weit hinausweise.[43]

37 Escherich (s. Anm. 34), S. 13, 14 u.17.

38 Frei übersetzt aus Wheeler: Social Insects (s. Anm. 23), S. 1f.

39 Wheeler: Social Insects (s. Anm. 23), S. 303.

40 William Morton Wheeler: The Termitodoxa, or Biology and Society. In: The Scientific Monthly, Nr. 10, 2. Jg., 1920, S. 113–124, S. 124.

41 William Morton Wheeler: Hopes in the Biological Sciences. In: Proceedings of the American Philosophical Society, Nr. 70, 3. Jg., 1931, S. 231–239, S. 237.

42 Wheeler: Hopes (s. Anm. 41), S. 237ff.

43 Edward Oswald Wilson: Ants. In: Bulletin of the American Academy of Arts and Sciences, Nr. 45, 3. Jg., 1991, S. 13–23, S. 23.

Bevor Wheeler seinen soziologischen Kollegen – unter ihnen befinden sich Talcott Parsons und der „Pareto Circle" in Harvard[44] – mit größtem Erfolg empfiehlt, die Gesellschaft aus der Sicht eines Entomologen zu betrachten, um den Geisteswissenschaften ihre anthropozentrische Verengung und unsinnige intentionalistische Fixierung auszutreiben,[45] beobachtet er allerdings seine Ameisenvölker aus einer Perspektive, die ihm die soziologischen Werke Paretos, Spencers, Durkheims, Le Bons und Tardes zur Verfügung stellen.[46] „Certain statistical methods of handling data, and conceptions like [...] organic differentiation as the result of division of labor, are known to have crept into the biological from the social sciences."[47] Nachdem die Biologie jedoch zur Leitdisziplin geworden sei, habe sich dieser Trend umgekehrt. Die Soziologie, die Wissenschaften vom Menschen, sogar „literature and the fine arts" erlebten nun ihre Neugeburt als „genuine biosocial sciences".[48]
Dieser 1931 angekündigte Paradigmenwechsel erhielt nach dem Zweiten Weltkrieg von der Kybernetik erhebliche Schützenhilfe. In der ersten der legendären Macy-Konferenzen über Kybernetik wird ausdrücklich festgehalten, dass die dort betriebene Forschung für „ants and men" gleichermaßen relevant sei.[49] Aus einer typisch kybernetischen Sicht auf *communication, control and command* baute Wilson seine Soziobiologie auf, deren Erfolg nicht nur von einem Pulitzer-Preis gekrönt wurde, sondern auch in Hollywood-Animationsfilmen einen sichtbaren Niederschlag gefunden hat. In Blockbustern wie *Ant Bully, A Bug's Life* oder *Antz* oder Erfolgsromanen wie der Serie *Empire des Fourmis* von Bernhard Werber wird die Ameisengesellschaft als der arbeitsteilige, komplexe, adaptive, effiziente Superorganismus gezeichnet, den die Entomologie in ihr entdeckt hat. In *Ant Bully* scheint das, was den Menschen noch von den Ameisen unterscheidet, nur mehr in Fehlern und Lastern zu bestehen. Das Ameisennest entwickelt sich zu einem „starken Bild" einer einigen Gesellschaft. Die bekanntesten zeitgenössischen Entomologen Hölldobler und Wilson schreiben 1994: „Es scheint, als ob der Sozialismus wirklich funktioniert. Karl Marx hatte nur die falsche Spezies

44 Charlotte Sleigh: Six Legs Better. A Cultural History of Myrmecology, Baltimore 2007, S. 144.
45 Wheeler: Hopes (s. Anm. 41), S. 232.
46 Wheeler: Social Insects (s. Anm. 23), S. 2, 304f, 313.
47 Wheeler: Hopes (s. Anm. 41), S. 233.
48 Wheeler: Hopes (s. Anm. 41), S. 236f.
49 Sleigh (s. Anm. 44), S. 163f.

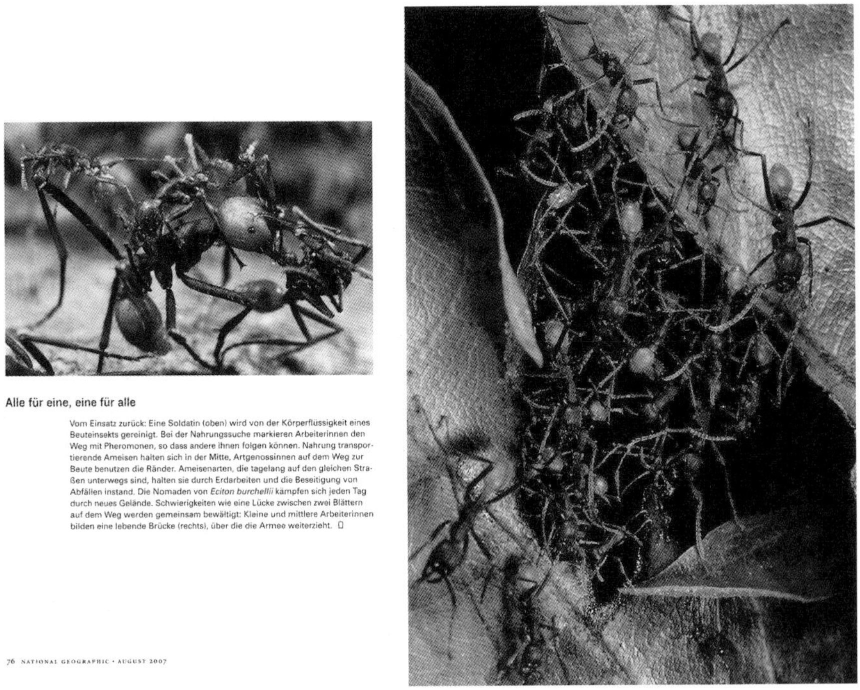

Abb. 4: Edward Oswald Wilson, Mark Moffet: „Alle für eine, eine für alle", 2007.

im Blick."[50] 2007 zeichnet Wilson die uneigennützige Kooperation der Ameisen mit dem Wahlspruch der Musketiere aus: „Alle für eine, eine für alle." (Abb. 4).

Das andere Bild. Schwärme

Was die Ameisen für Escherich so erfolgreich und vorbildlich macht, ist die totale Form ihres Kollektivs, das den „Kampfwert des Einzelindividuums" vervielfache.[52] Dieser Kampf findet in einem geopolitisch gedachten Raum statt. Doch spielt dieses Raummodell heute keine Rolle mehr, wenn Ameisen als Selbstbeschreibungsformeln der Gesellschaft Verwendung finden. „Man kann mit Ameisen nicht fertigwerden, weil sie ein [...] Rhizom bilden, das sich auch dann wieder bildet, wenn sein größter Teil zerstört ist", schreiben Deleuze und Guattari bewundernd.[53] Hier geraten die Ameisen in den Bannkreis

50 Bert Hölldobler, Edward Oswald Wilson: Journey to the Ants. A Story of Scientific Exploration, Cambridge, Mass. London 1994, S. 9.

51 Edward Oswald Wilson, Mark Moffet (Fotos): Ameisen. Gemeinsam erfolgreich. In: National Geographic, Nr. 8, August 2007, S. 64–77, S. 76.

52 Escherich (s. Anm. 34), S. 14. In einem Nachruf aus dem Jahre 1971 wird diese Rektoratsrede noch als ein Dokument von „erschütternder Aktualität" gepriesen. Journal of Pest Science, Nr. 8, Vol. 44, August 1971, S. 127.

53 Gilles Deleuze, Félix Guattari: Tausend Plateaus (1980). Übers. von Gabriele Ricke und Ronald Voullié, Berlin 1997, S. 19.

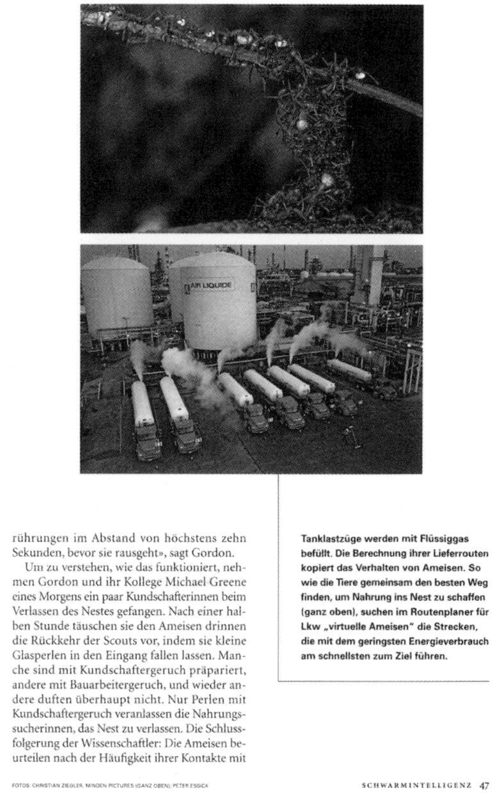

rührungen im Abstand von höchstens zehn Sekunden, bevor sie rausgeht», sagt Gordon.

Um zu verstehen, wie das funktioniert, nehmen Gordon und ihr Kollege Michael Greene eines Morgens ein paar Kundschafterinnen beim Verlassen des Nestes gefangen. Nach einer halben Stunde täuschen sie den Ameisen drinnen die Rückkehr der Scouts vor, indem sie kleine Glasperlen in den Eingang fallen lassen. Manche sind mit Kundschaftergeruch präpariert, andere mit Bauarbeitergeruch, und wieder andere duften überhaupt nicht. Nur Perlen mit Kundschaftergeruch veranlassen die Nahrungssucherinnen, das Nest zu verlassen. Die Schlussfolgerung der Wissenschaftler: Die Ameisen beurteilen nach der Häufigkeit ihrer Kontakte mit

Tanklastzüge werden mit Flüssiggas befüllt. Die Berechnung ihrer Lieferrouten kopiert das Verhalten von Ameisen. So wie die Tiere gemeinsam den besten Weg finden, um Nahrung ins Nest zu schaffen (ganz oben), suchen im Routenplaner für Lkw „virtuelle Ameisen" die Strecken, die mit dem geringsten Energieverbrauch am schnellsten zum Ziel führen.

FOTOS: CHRISTIAN ZIEGLER, MINDEN PICTURES (GANZ OBEN); PETER ESSICK

SCHWARMINTELLIGENZ 47

Abb. 5: Ameisenlogistik, 2007.

eines sehr erfolgreichen Bildes gesellschaftlicher Selbstbeschreibung: dem Netzwerk. Die Netzwerkgesellschaft stellt sowohl zur Bielefelder Formel Luhmanns einer funktionsdifferenzierten Weltgesellschaft als auch zu der Westfälischen Epoche der nationalen, souveränen Territorialstaaten eine Alternative dar. Die globale Verknüpfbarkeit von Knoten in einem Netzwerk lässt nicht nur die nationalstaatlichen Prinzipien der Territorialität, Verortung und Staatsgrenzen hinter sich zurück, sondern entzieht sich auch den Mediencodes der Funktionssysteme, denn für das Prozessieren einer Sache oder die Lösung eines Problems wäre es entscheidend, die Akteure, Mittler und Verbindungen jenes Netzes zu beobachten, das im Verlauf der Problemlösungsversuche entsteht.[54] Ein Netz ist aber eher eine Infrastruktur, Castells führt hier erwartungsgemäß eher globale Kommunikationsmedien an, denn einen Akteur. Dem deterritorialisierten, transnationalen, multimedialen, fluiden „Meta-Netzwerk"[55] mangelt es genauso an einem „Bild", das es veranschaulicht, wie der Hobbes'schen Vertragstheorie. Bei zahlreichen Autoren hat die Ameise diese Rolle übernommen. Es ist jedoch nicht mehr der totalitäre Termitenstaat, der als Bild der Selbstbeschreibung der Netzwerkgesellschaft fungiert, sondern die Multitude in der Form des Schwarms. Das von der Entomologie und Kybernetik von allem Schrecken der Horrorfilme gereinigte und von den Illustratoren ihrer Publikationen mit den Qualitäten des Erhabenen ausgestattete Bild versorgt den Wechsel der Selbstbeschreibungsformel vom Leviathan zum Schwarm mit Evidenz (Abb. 5).

Der Schwarm wird als jener Akteur ausgemacht, der die neuartige Netzwerkstruktur der Gesellschaft angemessen zu nutzen versteht – und also die Netzwerke nicht nach Funktionscodes zuschneidet oder nach alten nationalstaat-

54 Bruno Latour: Soziologie für eine neue Gesellschaft (2005), Frankfurt a.M. 2007.

55 Manuel Castells: Der Aufstieg der Netzwerkgesellschaft. Teil 1 der Trilogie: Das Informationszeitalter, Opladen 2001, S. 586.

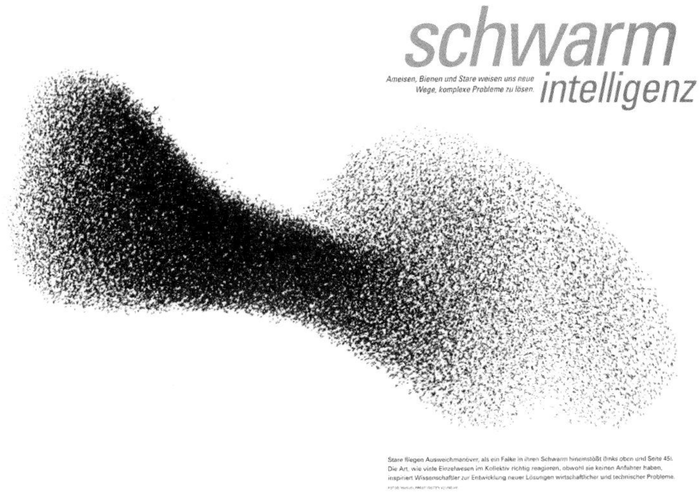

Abb. 6: Schwarm, 2007.

lichen Grundsätzen reterritorialisiert. Die Autoren nutzen einen Mix aus kybernetischer Schwarmforschung[56] und entomologischer Soziobiologie, um vom Schwärmen der Ameisen[57] über die computergestützte Simulation dieses Schwarmverhaltens durch Algorithmen schließlich zu ihrem Transfer des Bildes auf die menschliche Gesellschaft zu kommen. Die Ameise der Schwarmforschung wird zum Vorbild einer „kollektiven Intelligenz", die „aus der Kommunikation und Kooperation einer solchen [...] Vielfalt entstehen kann".[58] Diese Multitude sprengt buchstäblich die Grenzen der 1648, drei Jahre vor dem Erscheinen des *Leviathan* etablierten Westfälischen Weltordnung, denn das transnationale Gewimmel des Schwarms löst sich von den alten nationalstaatlichen Beschränkungen des Territoriums und der Staatsangehörigkeit. Niemand ist mehr Teil eines Staatskörpers, sondern geht „ad hoc" temporäre Verknüpfungen mit anderen Agenten in einem „fluid, shifting network" ein.[59] Hardt und Negri entdecken im Schwarm ein Vorbild für eine spontane, grenzenlose, postethnische, postsouveräne Kollektivität, eine „kollektive Intelligenz, eine Schwarmintelligenz", deren globale Stunde nun geschlagen habe (Abb. 6). Deshalb singen sie das „Lob des Schwarms".[60] Die wimmelnde Ameise der Entomologen, der „Neurobiologen" und „Kybernetikexperten" wird zum Wappentier der „Multitude",[61] und der Ameisenhaufen löst den Leviathan als „starkes Bild" der Selbstbeschreibung der Gesellschaft ab.

56 Zitiert werden Kennedy (s. Anm. 27); Michael Hardt, Antonio Negri: Multitude. Krieg und Demokratie im Empire, Frankfurt a.M./New York 2004, S. 110.

57 Hardt und Negri (s. Anm. 56), S. 109, zitieren John Arquilla, David Ronfeldt: Swarming & the Future of Conflict, hg. v. Rand Corporation, Santa Monica, Cal. 2000, die wiederum Wilson und Hölldobler (s. Anm. 50), S. 25 zitieren.

58 Hardt und Negri (s. Anm. 56), S. 111.

59 Arquilla und Ronfeldt (s. Anm. 57), S. 48.

60 Hardt und Negri (s. Anm. 56), S. 111. Gemeint ist wohl der Chant de guerre Parisien, der forciert gelesen werden muss, wenn man sich Hardt und Negri anschließen will.

61 Hardt und Negri (s. Anm. 56), S. 370ff.

Francesca Falk

Amerika als leere Augenweide. John Lockes Staatstheorie und die Grenzfotografie vor Gericht

Carleton Watkins' Fotografie von 1865/66 mit dem Titel *Yosemite Valley from the Best General View* zeigt eine weite Wildnis mit Wald und Wasserfall (Abb. 1). Eine hohe Kiefer durchschneidet die Komposition im Vordergrund, den oberen Bildrand durchstoßend, während sich die Umrisse der Berge im Hintergrund in immer schwächer werdenden Farben verlieren. Watkins (1829–1916), der Yosemite nach Charles Leander Weed als zweiter Fotograf besuchte, inszenierte diese Landschaft Kaliforniens in der Sierra Nevada als eine jungfräuliche Wildnis. Weite, Stabilisierung und Beruhigung sind Merkmale seiner ausbalancierten Bildkompositionen.[1] Im Gegensatz zu Weed, der in seinen Fotografien gerne einen Beobachter integrierte, zeigte Watkins Yosemite als unbevölkert.[2] In Yosemite schien das Bild eines „menschenleeren Amerika" besonders wahr, weil einige Jahre davor die ansässigen Indianer besiegt und aus Yosemite vertrieben worden waren.[3]

Watkins' Landschaftsfotografien sind ein frühes Beispiel für die fotografische Inbesitznahme des nordamerikanischen Territoriums. Die Entwicklung der Fotografie lief damals parallel zur Entwicklung des amerikanischen Westens: Ausgelöst durch den kalifornischen Goldrausch im Jahre 1848, lockten Fotografien das Geld der Investoren zu den Minen, aber auch zur Eisenbahn.[4] Watkins' fotografische Produktion war jedoch eingebunden in die Kolonisierung des Westens. Er fotografierte nicht nur „unberührte" Natur, sondern Minen, wachsende Städte und die Eisenbahn, welche 1869 Kalifornien erreichte.[5] Dennoch

1 Martin Christadler: Amerikanische Landschaft. Geologie und Heilsgeschichte, Mart und Manifest Destiny. In: Margret Stuffmann (Hg.): Pioniere der Landschaftsphotographie: Gustave Le Gray, Carleton E. Watkins, Mainz 1993, S. 107–127.

2 Bemerkenswerterweise wurden im amerikanischen Westen bis in die 1850er Jahre bei den seltenen Außenaufnahmen unter freiem Himmel meist Gegenden aufgenommen, die bereits sichtbar in Berührung mit menschlichem Tun gekommen waren, wie z.B. Berg- und Sägewerke, Schuppen, Häuser oder Stadtansichten, was sich aber in den 1860er Jahren änderte. Dazu Hans Christian Adam: Go West! Charles Leander Weed und Carleton E. Watkins im „Yosemite Valley". In: Bodo von Dewitz, Roland Scotti (Hg): Alles Wahrheit! Alles Lüge! Photographie und Wirklichkeit im 19. Jahrhundert. Die Sammlung Robert Lebeck, Amsterdam 1996, S. 401–412.

3 Robert H. Keller, Michael F. Turek: American Indians and National Parks, Tucson 1998, S. 20–21. Später allerdings kehrten die Indianer zurück, und so sind in manchen späteren Aufnahmen von Watkins auch einige Natives zu sehen.

4 Jack Von Euw: Pictorial Collection. In: Charles Faulhaber, Stephen Vincent (Hg.): Exploring the Bancroft Library, Salt Lake City/Berkeley 2006, S. 68–87.

5 Martin A. Berger: Overexposed: Whiteness and the Landscape Photography of Carleton Watkins. In: Oxford Art Journal, Heft 1, 2003, S. 1–23.

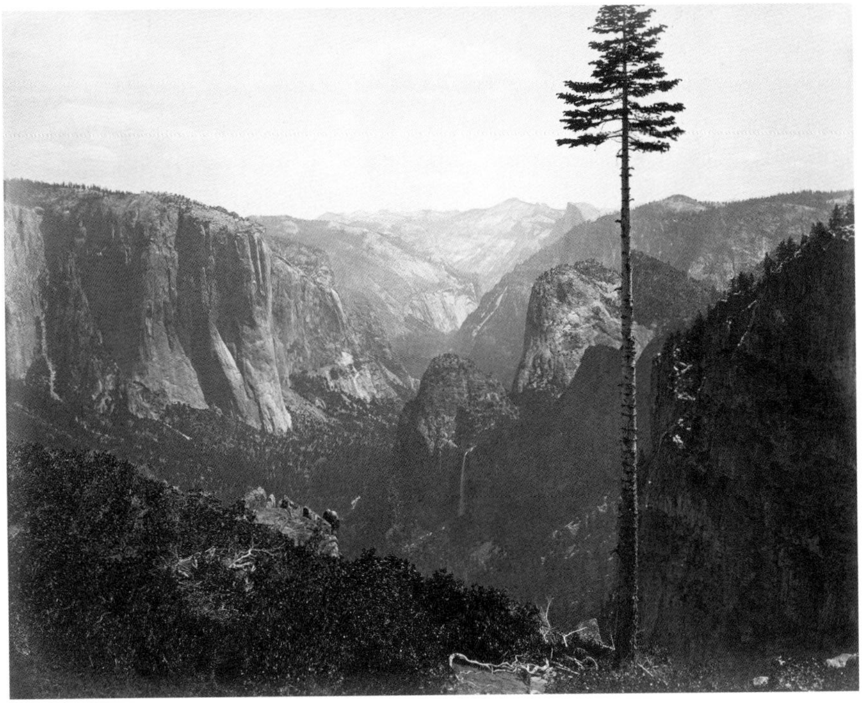

Abb. 1: Carleton Watkins: Yosemite Valley from the Best General View, Albuminpapierabzug, 1865/66.

ist heute Watkins vor allem für seine menschenleeren Landschaftsfotografien bekannt; seine Bilder spielten eine wichtige Rolle, als es darum ging, Yosemite Valley als Naturschutzgebiet zu deklarieren – und als touristische Konkurrenz zu den Schweizer Alpen zu etablieren. Watkins Fotografien inszenierten indes nicht nur „leere Landschaft"; auf seine fotografischen Fähigkeiten wurde auch bei Landstreitigkeiten zurückgegriffen. Denn Land war auch im amerikanischen Westen der 1860er Jahre ein knappes Gut.

Goldrausch und gefährdete Grundstücksgrenzen

Als Kalifornien nach dem Mexikanisch-Amerikanischen Krieg 1849 Teil der Vereinigten Staaten wurde, mussten alle Grundbesitzer die Rechtmäßigkeit ihrer Titel vor Gericht beweisen. Die Besitzrechte dieser „mexikanischen" Grundeigentümer gingen auf den Vertrag von Tordesillas zurück. Einer der größten spanischen und mexikanischen land grants war Rancho San Antonio. 1822 hatte Sola, der letzte spanische und zugleich erste mexikanische Gouverneur, dem Offizier Peralta in Anerkennung seiner militärischen Dienste – vor allem im Kampf gegen die Indianer – Rancho San Antonio zugesprochen. Dieses umfasste den Großteil jenes Gebietes, das heute als East Bay bekannt ist. Während des Übergabezeremoniells des Grundstücks wurden eine Proklamation verlesen, Steine in die vier Himmelsrichtungen geschleudert und ein Schuss abgegeben, zudem wurde eine grobe Skizze produziert, aber das Land wurde nicht vermessen.[6] Nach dem Mexikanisch-Amerikanischen Krieg hatten im Friedensvertrag die Vereinigten Staaten zwar garantiert, dass sie alle Landzuteilungen, welche die spanische oder mexikanische Regierung vorgenommen hatten, respektieren würden. Zugleich verlangte jedoch ein Gesetz von 1851, dass alle Grundbesitzer die Rechtmäßigkeit ihrer Titel vor Gericht beweisen sollten. Viele dieser Territorien waren aber vom rechtlichen Prozedere her unvollständig dokumentiert, selten umzäunt und oft ungenau „kartografiert". Doch auch wenn die Grenzen dieser Grundstücke nur unzureichend rechtlich definiert waren, hatten die Landbesitzer – die vorwiegend Viehwirtschaft[7] betrieben, was sich auch auf die Art und Weise der konkreten Grenzziehung auswirkte – offenbar im praktischen Umgang wenig Probleme, ihr Land von demjenigen ihrer Nachbarn zu unterscheiden. Bis die Goldgräber kamen.[8]

Auch auf dem erwähnten Rancho San Antonio siedelten „Squatters"; sie verbrauchten das Holz der Peraltas und töteten deren Vieh. In dieser Situation gewann ein Anwalt namens Carpentier großen Einfluss über die Familie.[9] Der spätere Bürgermeister von Oakland erwarb als Abgeltung für seine Anwaltsdienste einen großen Teil ihres Eigentums. Es war derselbe Carpentier, der

6 Frances L. Fox: Luis Maria Peralta and his adobe, San Jose 1975, S. 35. Leider ging die erste Skizze von Rancho San Antonio verloren. Es wäre aber ein interessantes Unterfangen, alle vom Grundstück noch erhaltenen Bilder – seien es Skizzen, Karten oder auch Fotografien – in systematischer Weise miteinander zu vergleichen.

7 Interessant ist in diesem Zusammenhang außerdem die Tatsache, dass aus einer solchen Perspektive auch diese mexikanischen Familien „Lockes Landwirtschaftsgebot" nur ungenügend nachkamen, was sich wohl auch auf die Anerkennung ihrer Ansprüche auswirkte.

8 David Hornbeck: The Patenting of California's Private Land Claims, 1851–1885. In: Geographical Review, Heft 4, 1979, S. 434–448.

9 Leonard Pitt: The decline of the Californios: A social history of the Spanish-speaking Californians, 1846–1890. Berkeley 1998, S. 97.

1861 Carleton Watkins den Auftrag gab, die nördliche Grundstücksgrenze zu fotografieren.[10] Dabei handelt es sich um einen der ersten amerikanischen Gerichtsfälle, in dem auf fotografische Aufnahmen zurückgegriffen wurde.[11] Laut den Peraltas bildeten ein Hügel, ein Bach und ein markanter Felsen die nördliche Grundstücksgrenze; diese topografischen Begebenheiten sollte Watkins festhalten. Die fotografischen Aufnahmen folgten also in gewisser Hinsicht der Logik der spanischen und mexikanischen Landvergabe, nach der bestimmte augenfällige Landschaftsformationen zur Grenzmarkierung ausgewählt wurden. Diese wurden in einfachen, funktionalen Skizzen festgehalten, wobei die schriftliche Beschreibung des Grundstückes im Vordergrund stand. Barbara Mundy spricht gar von einem „anti-image bias in New Spain“,[12] da das „primitive Bild“ den Indios, die alphabetische Schrift hingegen den „kultivierten“ Spaniern zugeschrieben wurde. Wohl auch aufgrund dieses empfundenen Defizits gegenüber dem nordamerikanischen kartografischen System sollten Watkins' Fotografien nun auch auf visuelle Weise den von den Peraltas postulierten Verlauf der Grundstücksgrenze evident machen.

Grenzfotografien als Beweismittel vor Gericht

Am 1., 8. und 10. Mai 1861 musste der damals 31-jährige Fotograf vor Gericht erscheinen: Zu den dreizehn verhandelten Bildern[13] wurden ihm über einhundertfünfzig Fragen gestellt.[14] Diese muten repetitiv an; meist ging es um eine Identifizierung oder Lokalisierung des Dargestellen; eine eventuelle Manipulation der Fotografien war kein Thema. Als der Staatsanwalt fragte, ob Watkins auch jenen Bach fotografiert habe, der die Grundstücksgrenze

10 Watkins' court deposition in Land Case 100 ND, United States v. D. & V. Peralta, 1861, United States District Court, Northern District of California; San Francisco, p. 945–962, 982–1018; California Land Case Collection, Bancroft Library University of California, Berkeley.

11 Es war allerdings nicht das erste Mal, dass Watkins einen solchen juristischen Auftrag annahm. Christine Hult-Lewis: „A Necessary Art“. The Mining Photographs of Carleton Watkins, 1859–1891 (im Erscheinen). Siehe auch Peter E. Palmquist: Carleton E. Watkins's oldest surviving landscape photograph. In: History of Phtography, Heft 3, 1981, S. 223–225.

12 Barbara E. Mundy: The mapping of New Spain: Indigenous cartography and the maps of the relaciones geográficas. Chicago 1996, S. 30.

13 Die Bildergröße variiert leicht, die Fotografien sind ca. 34 cm breit und 42 cm lang, oben gerundet und jeweils durchnummeriert von 1–10 und von A–C (diese wurden später auf Geheiß des Staatsanwalts angefertigt), wobei sich die Fotografien B und 3 aus zwei Bildern zusammensetzen.

14 Davon kann hier nur ein kleiner Ausschnitt wiedergegeben werden.

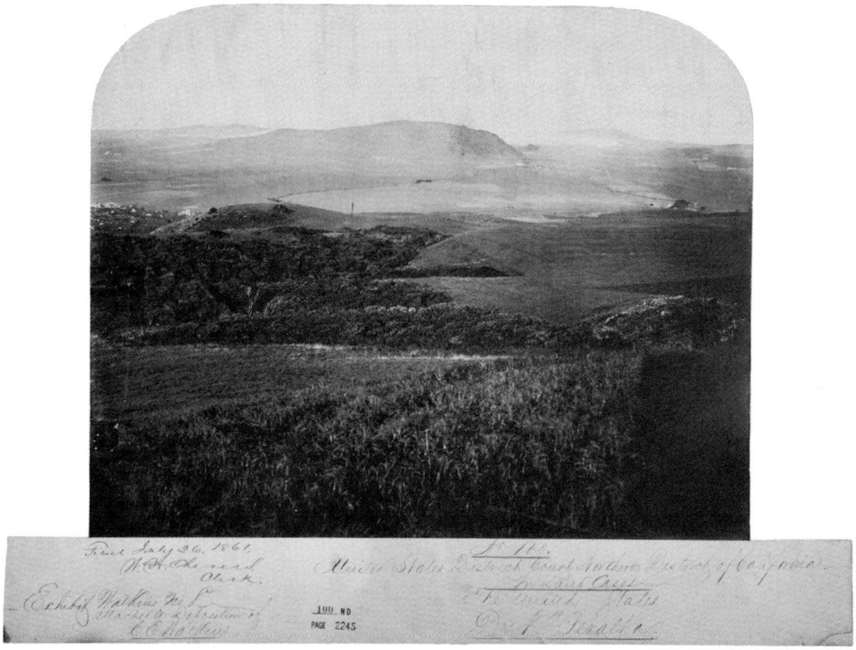

Abb. 2: Rancho San Antonio, Watkins' court deposition in Land Case 100 ND, United States v. D. & V. Peralta, 1861.

markiere, bejahte der Fotograf die Frage. Er verwies auf sein Bild Nummer 8 (Abb. 2, Farbtafel 1), das eine hügelige, zum Teil bewaldete Landschaft zeigt, die ins Meer ausläuft. Nachdem geklärt worden war, von welchem Standort aus der Fotograf die Aufnahme angefertigt hatte, wurde Watkins aufgefordert, jene dunklere, feine Zick-Zack-Linie zu identifizieren, die sich zwischen den beiden Hügeln über die Ebene zog. Dieses sei der Bach, war seine Antwort. Watkins wurde allerdings nicht nur in seiner Funktion als Fotograf ins Kreuzverhör genommen, sondern auch als Augenzeuge, der über die Beschaffenheit der Landschaft Auskunft zu geben hatte. So wurde er beispielsweise über das Alter dieses Baches ausgefragt, obwohl er in diesem Bereich über kein „Expertenwissen" verfügte. Bemerkenswert ist vor allem der Umstand, dass auf der genannten Fotografie der erwähnte Grenzbach fast nicht zu sehen ist; man muss bereits wissen, wo er sich befindet, um ihn zu erkennen. Dies war wohl auch eine Folge der Wetterverhältnisse zum Zeitpunkt der Aufnahme.

Da Watkins seine Bilder sofort entwickeln musste, benötigte er eine sperrige Ausrüstung, deren Transport über die hügelige Landschaft selbst mit Pferdewagen anstrengend war. Aufgrund der schweren Glasplatten konnte Watkins jeweils nur eine beschränkte Zahl von Bildern anfertigen. Zweimal fotografiert hat Watkins – und zwar auf Geheiß des Staatsanwaltes – nur jenen roten Felsen, den dieser im Gegensatz zur Peralta-Partei als die ursprüngliche Grenzmarkierung betrachtete. Damit wurde dessen Meinung bestätigt, dass sich die abzeichnende Kontur und die Größe des Felsens durch die Aufnahmeposition und -distanz beträchtlich beeinflussen ließen.[15]

Die im Verlaufe des Verhörs immer wieder auftauchende Frage nach der vom Fotografen jeweils eingenommenen Position zeugt von einem erstaunlich hohen Bewusstsein für die Standortgebundenheit und Ausschnitthaftigkeit der Fotografie.[16] Im Zusammenhang mit den verschiedenen Felsformationen musste Watkins auch die „Farbechtheit" seiner Schwarz-Weiß-Fotografien bezeugen: „If I could color in water colors, I do not think I could make it much nearer correct", antwortete der Fotograf mit Zuversicht.[17] Trotz des hier geäußerten Optimismus entwickelten seine Bilder nicht die persuasive Kraft, die sich Domingo und Vicente Peralta (beziehungsweise ihr Anwalt Carpentier) versprochen hatten; es dauerte noch weitere sechzehn Jahre, bis ihre Landrechte anerkannt wurden.[18]

In der beschriebenen Zeit, um 1861, wurde in Nordamerika die Fotografie nicht als eigenständiges, sondern als illustratives Beweismittel betrachtet.[19] Dieser Status war aber durchaus ambivalent; so konnte die Fotografie auch in Gerichts-

15 Dazu auch Nanette Margret Sexton: Carleton E. Watkins: Pioneer California Photographer (1829–1916), Cambridge, Mass. 1982, S. 120.

16 Wie die Vorstellung eines nicht durch menschlichen Eingriff vermittelten fotografischen Abbilds zu einem mechanischen Objektivitätsbegriff führte, der wiederum in einem Spannungsverhältnis stand zu einem a-perspektivischen Objektivitätsverständnis, zeigt sehr schön Lorraine Daston: Objectivity and the Escape from Perspective. In: Mario Biagioli (Hg.): The Science Studies Reader, New York 1999, S. 110–123.

17 Siehe Watkins' court deposition in Land Case 100 ND.

18 Die Anwaltskosten verschlangen in der Folge einen großen Teil ihres Territoriums. Weniger lange dauerte es übrigens bei den beiden anderen Brüdern Ygnacio und Antonio Peralta; deren südlicher gelegenen Grundbesitze wurden 1858 bzw. 1874 „patentiert" (1841 hatte der Vater das Land unter seinen Söhnen aufgeteilt).

19 Tal Golan: Sichtbarkeit und Macht: Maschinen als Augenzeugen. In: Peter Geimer (Hg.): Ordnungen der Sichtbarkeit. Fotografie in Wissenschaft, Kunst und Technologie, Frankfurt a.M. 2002, S. 171–210.

prozessen von Anfang an als besonders wirkungsvolles Beweismittel gesehen werden.[20] Bereits zwanzig Jahre zuvor hatte William Henry Fox Talbot in *The Pencil of Nature* die Fotografie als objektive Selbstabbildung der Natur begriffen und ihren Einsatz als Beweismittel vor Gericht ausgemalt.[21]

Es ist scher abzuschätzen, wie die Fotografien den Prozessverlauf im erwähnten land case tatsächlich beeinflussten – sei es im Sinne der Peraltas oder des Staatsanwaltes, der von den neuen Möglichkeiten sofort Gebrauch machte und Watkins mit der Herstellung von „Gegenbildern" beauftragte. Auch wenn das fotografische Experiment für Antonio und Vicente Peralta nicht sonderlich erfolgreich war, so lohnte sich der Auftrag für Watkins. Kurz darauf hatte der damals noch unbekannte Fotograf jedenfalls genug Geld, um Yosemite zu besuchen und das Gebiet als leere Landschaft zu inszenieren.

Lockes Liberalismus und leeres Land

Dieser Widerspruch in Watkins' fotografischem Werk findet sich in ähnlicher Weise bei John Lockes Staatstheorie und der ihr zugrunde liegenden Vorstellung vom leeren Raum, die für Lockes Liberalismus in höchstem Maße konstitutiv ist.

Wenn der Gesellschaftsvertrag ohne Gewaltanwendung etabliert werden soll, müssen Individuen, die sich diesem nicht anschließen wollen, die Freiheit haben zu gehen, schreibt Locke in seinem *Second Treatise*.[22] Wer seine Zustimmung zum Staat explizit gegeben hat, ist diesem zwar unwiderruflich verpflichtet; hier besteht kein Wegzugsrecht. Wer aber stillschweigend seine Zustimmung zum Gesellschaftsvertrag gegeben hat und sich später entschließt, seinen Besitz aufzugeben, verfügt nach Locke über die Möglichkeit, sich einem anderen Staatswesen anzuschließen. Ob ein anderes Staatswesen den Vorstellungen des auswanderungswilligen Individuums in der Weise entspricht, dass der Auswandernde sich diesem anderen Staate anschließen will – und ob dieser Staat damit einverstanden ist – bleibt allerdings ungewiss. Die zweite Option besteht nach Locke deshalb darin, sich mit anderen über die Begründung eines neuen Staates zu verständigen in *vacuis locis*, in irgendeinem Teil der Welt,

20 Jennifer L. Mnookin: The image of Truth: Photographic Evidence and the Power of Analogy. In: Yale Journal of Law, Heft 1, 1998, S. 1–75.

21 William Henry Fox Talbot: The Pencil of Nature(1844–46), New York 1969.

22 Zur Exit-Option siehe auch Albert O. Hirschman: Exit, Voice, and Loyalty: Responses to Decline in Firms, Organizations, and States, Cambridge, Mass. 1970.

den sie frei und besitzlos finden.[23] Das Vorhandensein eines leeren Raumes ermöglicht somit die freiwillige Zustimmung zum Gesellschaftsvertrag und eine gewaltlose Konstituierung der Gesellschaft. Erst unter dieser Bedingung kann politische Gewalt als selbst geschaffenes Verhältnis begriffen werden, dem jedes Individuum sich freiwillig unterworfen hat.[24] Zugleich sollte die Möglichkeit des Weggehens – folgt man Lockes Logik – stets bestehen bleiben, da der Gesellschaftsvertrag sich nicht automatisch auf die Nachkommen der Vertragsgeneration überträgt; er wird von Locke vielmehr als immer wieder abzuschließend gedacht.[25]

Die Grenzen sprengende und Grenzen erzeugende Wirkung der Geldwirtschaft

Leere Bodenflächen finden sich allerdings nach Locke nur bei jenen Völkern, die sich nicht dem Gebrauch eines gemeinsamen Geldes angeschlossen haben.[26] Locke reflektiert nicht, dass Geldsysteme schon vor Ankunft der Europäer in Gebrauch waren, obwohl er die Wampommuscheln der Indianer erwähnt.[27] Wo der Geldverkehr indes eingeführt wurde, wird auch Locke zufolge leeres Land knapp. Dennoch ist seiner Meinung nach die weltweite Einführung einer Geldwirtschaft rational, wird doch durch die intensivere Kultivierung des Bodens das Gesamtwohl der Gesellschaft befördert. Vor allem aber bewirkt die Einführung des Geldes nach Locke eine Dynamisierung des Handels, denn durch den Gebrauch des Geldes würde bei allen Menschen ein Antrieb zur Mehrarbeit und Besitzanhäufung geschaffen. Gerade aber diese, durch die Geldwirtschaft ausgelöste Tendenz zu einem expansiven globalen Wirtschaftssystem gefährdet Lockes Prämisse des normativ notwendigen leeren Raumes.[28] Wenn

23 John Locke: Second Treatise of Government (1690), Indianapolis 1980, S. 65. Bereits Thomas Morus hatte 1517 in seiner „Utopia" davon gesprochen, dass bei Überbevölkerung dort, wo die Eingeborenen großen Überfluss an unbebautem Ackerland haben, Kolonien gegründet werden sollen.

24 Locke sah die Natur nicht als Idylle, sondern als Gefahr; der Gesellschaftsvertrag ist für ihn deshalb nicht nur durch das Verhältnis der Individuen untereinander, sondern auch durch Naturgefahren motiviert.

25 Locke (s. Anm 23), S. 62.

26 Locke (s. Anm 23), S. 28.

27 Locke (s. Anm 23), S. 96.

28 Auch wenn die Bearbeitung des Bodens, wie Locke postuliert, immer effizienter wird, müsste aufgrund der Geldwirtschaft von einer strukturellen Knappheit des Bodens ausgegangen werden.

aber der Raum begrenzt ist und Gesellschaften gleichzeitig auf eine territoriale Fundierung nicht verzichten können, verkleinert sich mit jedem realisierten Gesellschaftsvertrag die Möglichkeit, eine neue Gesellschaft zu gründen, bis schließlich Neugründungen gänzlich unmöglich werden. Unter dieser Voraussetzung zeigt jeder Gesellschaftsvertrag Auswirkungen sowohl auf die in den Vertrag Ein- als auch auf die Ausgeschlossenen. Damit aber wird jene politische Grenze, welche auch auf territoriale Weise konstituierte Gesellschaften vom „Rest" abspaltet, in ihrer Legitimität prekär: Die vom Vertrag Ausgeschlossenen sind vom Vertrag betroffen, werden in ihren Handlungsmöglichkeiten dadurch eingeschränkt, können sich aber dazu nicht aktiv verhalten. Sie sind Objekt, nicht Subjekt des Vertrages. Lockes Prämisse – der Gesellschaftsvertrag beeinträchtige nicht die Freiheit der Nichtteilnehmenden – gilt unter solchen Bedingungen nicht.[29]

Amerika als leere Augenweide

John Locke lokalisierte eben diesen leeren Raum in Amerika.[30] Dass auch Indianerstämme Landwirtschaft betrieben, zudem auch Jagdrechte territoriale Besitzansprüche fundierten, wurde von Locke mit Verweis auf die angebliche Landverschwendung der Indianer ignoriert. Eine ähnliche Argumentation findet sich in der völkerrechtlichen Figur der *Terra Nullius*, die sich auf das Römische Recht bezog, jedoch nicht bedeutete, dass ein Land als vollkommen unbewohnt gesehen wurde, sondern dass seinen Bewohnern, unter anderem aufgrund eines Mangels an sichtbaren Grenzziehungen, die Staatsfähigkeit – und damit auch Eigentumsrechte – abgesprochen werden konnten. Doch zeigte sich hier ein Widerspruch zu jenem Argument, welches die Figur der Terra Nullius in Anlehnung an jene der Res Nullius legitimieren sollte, nämlich dass bei der Aneignung einer besitzlosen Sache niemand einen Schaden erleide.[31]

29 Locke (s. Anm. 23), S. 52.

30 John Locke hatte bekanntermaßen selbst in den Sklavenhandel und in die ökonomische Erschließung der Kolonien investiert.

31 Siehe Jörg Fisch: Die europäische Expansion und das Völkerrecht. Die Auseinandersetzungen um den Status der überseeischen Gebiete vom 15. Jahrhundert bis zur Gegenwart, Stuttgart 1984, S. 300; Cornelia Vismann: Terra nullius. Zum Feindbegriff im Völkerrecht. In: Martin Stingelin, Armin Adam (Hg.): Übertragung und Gesetz. Gründungsmythen, Kriegstheater und Unterwerfungstechniken von Institutionen, Berlin 1995, S. 159–176.

Doch nicht nur politisch-juridische Diskurse schufen die Vorstellung eines leeren Amerikas, nicht minder wichtig waren auch bildliche Imaginationen. Die Kartografie – selbst zwischen Bild und Sprache siedelnd[32] – spielte eine wichtige Funktion bei der Produktion eines „menschenleeren Amerikas".[33] In der amerikanischen Landschaftsmalerei waren indes Einheimische oft auch dann noch visuell präsent, als sie aus den entsprechenden Gebieten bereits verdrängt worden waren.[34]

Doch es war vor allem die Fotografie, und insbesondere jene von Watkins, welche Amerika als leere Augenweide inszenierte.[35] In ähnlicher Weise wie bei Locke und der völkerrechtlichen Figur der Terra Nullius findet sich beim Fotografen Carleton Watkins eine in ihrer Widersprüchlichkeit entsprechende Konstellation: Watkins war mit seinem Werk nicht nur daran beteiligt, die Vorstellung Amerikas als leeres Land zu etablieren, sondern vielmehr, wie sich gezeigt hat, waren seine Arbeiten auch bei Landstreitigkeiten und den damit zusammenhängenden Grenzverhandlungen von Gewicht.

Friedliche und flexible Frontier

Einige Jahrzehnte nach Watkins' fotografischen Aufnahmen, die den Westen Amerikas als leere Augenweiden zeigten, formulierte der Historiker Frederick Jackson Turner seine berühmte, aber auch umstrittene Frontier-These: Die Auseinandersetzung mit einer unberührten und wilden Natur hätte aus verweichlichten Europäern starke, demokratische, individualistische und initiative

32 Zur Raum konstituierenden Funktion der Kartografie siehe Sybille Krämer: Karten-Kartenlesen-Kartografie. Kulturtechnisch inspirierte Überlegungen. In: Philine Helas, Maren Polte, Claudia Rückert, Bettina Uppenkamp (Hg.): Bild/Geschichte. Festschrift für Horst Bredekamp, Berlin 2007, S. 73–82.

33 Dazu J. B. Harley: New England Cartography and the Native Americans. In: J. B. Harley, Paul Laxton (Hg.): The new Nature of Maps: Essays in the History of Cartography, Baltimore 2001, S. 169–196.

34 Elizabeth Mankin Kornhauser, Winfried Fluck: Neue Welt. Die Erfindung der amerikanischen Malerei, München 2007, S. 15.

35 In den frühen Tagen der Fotografie erschienen aufgrund der langen Belichtungszeit belebte Städte als menschenleere Schauplätze (was zu Watkins Zeiten allerdings nicht mehr der Fall war). Peter Geimer: Was ist kein Bild? Zur „Störung und Verweisung". In: Peter Geimer (Hg.): Ordnungen der Sichtbarkeit. Fotografie in Wissenschaft, Kunst und Technologie, Frankfurt a.M. 2002, S. 313–341. Nicht vergessen werden sollte hier jedoch auch der Umstand, dass „Menschenleere" auch als ein Merkmal einer bestimmten Tradition der malerischen Landschaftsdarstellung gesehen werden kann.

Amerikaner gemacht. Gleichzeitig postulierte Turner einen grundsätzlichen Unterschied zwischen den militarisierten, scharf definierten und linearisierten Grenzen Europas und der friedlichen und flexiblen amerikanischen Frontier: „The American frontier is sharply distinguished from the European frontier – a fortified boundary line running through dense population. The most significant thing about the American frontier is that it lies at the hither edge of free land."[36] Bemerkenswerterweise war jedoch der Osten Amerikas von den ersten Entdeckern als dicht besiedelt beschrieben worden; die jungfräuliche Wildnis Amerikas sei keine Entdeckung des 16. Jahrhunderts,[37] sondern eine Erfindung des 18. und 19. Jahrhunderts.[38] Doch das mystifizierende Aufrufen eines leeren Landes – bei Turner der Garant einer vermeintlichen Chancengleichheit – ist nicht nur auf Amerika beschränkt. Es findet sich in anderen Kontexten, auch in Australien, Osteuropa, Afrika, China oder Israel/Palästina.[39] Gerade in expansionistischen Kontexten kann weiter nicht nur eine möglichst scharf definierte und eindeutig markierte Grenzlinie Evidenz erzeugen, sondern auch eine unklar gehaltene Umgrenzung vermag Grenzpotenz zu generieren.[40] Dass dabei die gleichzeitig geschaffenen militärischen Grenzbefestigungen mit ihrer Undurchdringlichkeitssymbolik – die je nach Sichtweise als offensiv oder defensiv, als Ausdruck von Stärke oder von Schwäche gesehen werden kann – durch ihr oft bildmächtiges Bauwerk und ihre spektakuläre Sichtbarkeit zur Ikone werden, ist nicht als Widerspruch zu werten. Denn Grenzregimes leben unter anderem davon, dass sie gewisse Aspekte sichtbar, andere aber unsichtbar machen – und dass dieses Verhältnis auch wieder verändert werden kann.

36 Frederick Jackson Turner: Rereading Frederick Jackson Turner: „The Significance of the Frontier in American History" and other Essays (1893), New Haven/London 1998, S. 33.

37 Andererseits hatte bereits Locke im ausgehenden 17. Jahrhundert Amerika als leeres Land imaginiert. Parallel dazu wurden übrigens die Einheimischen als tabula rasa, als leere Leinwand, gesehen, in die sich die Europäer einschreiben können. Dazu Stephen Greenblatt: Wunderbare Besitztümer. Die Erfindung des Fremden: Reisende und Entdecker, Darmstadt 1991.

38 William M. Denevan: The Pristine Myth. The Landscape of the Americas in 1492. In: Annals of the Association of American Geographers, Heft 3, 1992, S. 369–385.

39 Auch in der Populärkultur wird Afrika gerne als „leer" inszeniert, so beispielsweise im Schweizer Kinderbuch „Globi", vor allem in älteren Ausgaben. Dazu arbeitet dereit Patricia Purschert (Basel).

40 Eyal Weizman: Hollow Land. Israel's Architecture of Occupation, London 2007. Allerdings ist Grenze nicht einfach gleich „Grenze"; was für Grundstücksgrenzen gilt, muss nicht zwangsläufig für nationalstaatliche zutreffen – und umgekehrt.

In der hier untersuchten Konstellation präsentierte die imaginierte „Leere“ den spannungsreichen Hintergrund für eine Fotografie der Grenze, deren Bedeutungspotenzial sich jedoch nicht im Sinne der Peraltas realisierte. Nur wer bereit war, die Grenze zu sehen, konnte durch den eigenen Blick ein vieldeutiges Bild zu einem eindeutigen Beweis formen, die Grenze im gezeigten Bach tatsächlich erkennen.[41] Den Drehpunkt der Argumentation bildete dabei der Umstand, dass sich bei Watkins in ähnlicher Weise wie bei Locke und der Figur der Terra Nullius eine in ihrer Widersprüchlichkeit entsprechende Konstellation findet. Indes ist dies nicht nur eine Erzählung eines gescheiterten Evidenzeffekts; der Umstand, dass der Staatsanwalt sofort selbst Fotografien herstellen ließ, bezeugt zugleich deren potenzielle „power of persuasion“. Beachtenswert ist in diesem Zusammenhang zudem die analoge Diskursstruktur in Bezug auf die Fotografie wie auch auf „Grenzen“: Je nach Perspektive können beide jeweils als gegeben beziehungsweise gemacht, evident oder kontingent, natürlich oder willkürlich gesehen werden.[42]

41 Indes hätte selbst ein gestochen scharfes Bild nicht bedeutet, dass der fotografierte Bach automatisch als „authentische Grenze“ anerkannt worden wäre.

42 Für Hinweise oder konstruktive Kritik bedankt sich die Autorin bei folgenden Personen: Achatz von Müller, Ludger Schwarte, Cornelia Vismann, Peter Geimer, Robin Grossinger, Christine Hult-Lewis, Jack von Euw, Susan Synder, Tal Golan, Sylwia Chomentowska, Rea Köppel, Martin Mühlheim, Hansjörg Höchner, Marcel Falk.

Karsten Heck

Die florentinische Terra nuova. Grenzziehung und Entgrenzung an der Schwelle zum frühmodernen Staat

Ab dem Ende des 13. Jahrhunderts errichtete die Republik Florenz an den Rändern des Territoriums, das die Arno-Metropole umgibt, in kurzer Folge fünf Planstädte: die sogenannten Terre nuove.[1] Wie Wolfgang Braunfels schon 1953 in seiner wegweisenden Studie zur mittelalterlichen Urbanistik argumentierte, können „die kleinen Modellstädte", die befestigten Landsiedlungen Castel San Giovanni, Castelfranco di Sopra, Scarperia, Terranuova und Firenzuola, „[...] uns über das Ideal der Zeit unterrichten".[2] Das Ideal der civitas als räumliche, zweckdienliche und gottgewollte Gesellschaftsform materialisierte sich im Gründungsakt der florentinischen Neustädte durch das Setzen, Markieren und Überwinden von Grenzen gegen ein territoriales Äußeres, in der Binnenstruktur der Stadtkörper und im symbolischen Bezug auf eine höhere, kosmologische Ordnung.

Die Außengrenzen von Stadt und Staat

Wenn ein Reisender Mitte des 14. Jahrhunderts die Stadt Florenz durch die Porta San Nicolo (Abb. 1) auf der Via Cassia in Richtung Rom verließ, dann erlebte er im Abstand etwa einer Tagesreise ein architektonisches Déjà-vu: Die Türme der Mutter und ihrer Tochterstädte im oberen Arnotal waren vom gleichen baulichen Typ. Das monolithisch schlanke, dreigeschossige Tor von Castelfranco di Sopra[3] (Abb. 2) führt heute noch vergleichend vor Augen, wie die Wehrarchitektur der Terre nuove durch ikonografischen Bezug auf die Tore von Florenz das visuelle Erlebnis der Grenzquerung an den Außensäumen des Territorialstaats wiederholte. Neben ihren fortifikatorischen und fiskalischen Funktionen dienten die Tore in den Mauern der Kastelle als weithin sichtbare, architektonisch typisierte Land-

1 Die Forschung eröffnete Marina Richter: Die „Terra murata" im florentinischen Gebiet. In: Mitteilungen des Kunsthistorischen Institutes in Florenz, Heft 6, Jg. 5, 1940, S. 351–386; Enrico Guidoni: Arte e urbanistica in Toscana, Rom 1970 und David Friedman: Florentine new towns. Urban design in the late Middle Ages, Cambridge, Mass. 1988 knüpften an die bis heute fundamentale Arbeit von Wolfgang Braunfels: Mittelalterliche Stadtbaukunst in der Toskana, Berlin 1979 (4. Aufl.; 1. Aufl. 1953) an; aktuell vgl. Paolo Pirillo: Creare comunità. Firenze e i centri di nuova fondazione della Toscana medievale, Rom 2007; David Friedman, Paolo Pirillo (Hg.): Le terre nuove. Atti del seminario internazionale organizzato dai comuni di Firenze e San Giovanni Valdarno, Florenz 2004; Enrico Guidoni (Hg.): Arnolfo di Cambio urbanista, Rom 2003.

2 Braunfels (s. Anm. 1), S. 53.

3 Vgl. Stefania Ricci: Castelfranco di Sopra. In: Guidoni: Arnolfo (s. Anm. 1), S. 59–68. Die Tore des Castel San Giovanni sind nur aufgrund archäologischer Befunde zu rekonstruieren, vgl. M. Bernardi, L. Cappelli: Lo scavo della porta fiorentina di S. Giovanni Valdarno. Notizie Preliminari. In: Archeologia Medievale, X, 1983, S. 351–361.

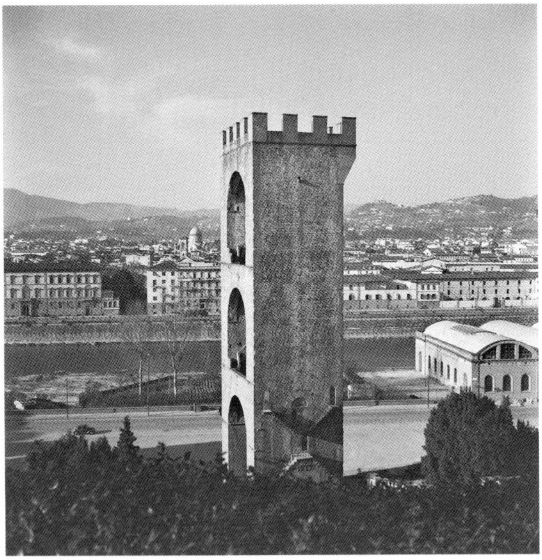

Abb. 1: Porta San Nicolo, südliche Seitenansicht des Torturms, Florenz, um 1325.

marken auf einer Grenze, die nicht mehr mit einer geschlossenen Mauer zu befestigen war, sondern sich als punktuell markierter Saum um einen Flächenstaat und Rechtsraum neuer Qualität legte.

Die mittelalterliche Raumwahrnehmung fand ihre finalen Demarkationslinien im *finis terrae*, an den Grenzen des urbaren Bodens mit dem rechtsfreien Raum des offenen Meeres.[4] Die Binnenordnung dieser Welt etablierte sich entsprechend den Möglichkeitsradien sesshafter Einflussnahme und im Gefüge natürlich gegebener Grenzen des geologischen Reliefs. Grenzüberschreitungen durch konkurrierende Verdichtungsprozesse oder unter dem Zeichen hegemonialer Ausdehnung konnotierten Grenzen einerseits als Konfliktzonen; andererseits war die Grenzquerung alltäglicher Bestandteil von Mobilität, und Grenzerfahrungen waren an die individuelle Bewegung, die lineare Perzeption des Raumes im Netz der Fernstraßen gebunden. Die werdenden Territorialstaaten markierten ihre Herrschaftsansprüche punktuell auf den Arterien des Personen- und Warenverkehrs in Form staatsspezifischer Fortifikation. Diese prägte die Raumwahrnehmung der Reisenden, um eine globale Vorstellung des Staatsgebiets zu vermitteln.[5] Die Außenhaut einer Stadt, ihr turmbewehrter Mauerkranz, repräsentierte als visueller Teil des Landschaftsbildes den Flächenstaat an seinen Säumen.

4 Vgl. Michael Stolz: Finis terrae – finsterer Stern – stella obscura. Die Pilgerfahrt nach Santiago und Imaginationen vom „Ende der Welt" im Spätmittelalter. In: Ursula Kundert, Barbara Schmid, Regula Schmid (Hg.): Ausmessen – Darstellen – Inszenieren. Raumkonzepte und die Wiedergabe von Räumen in Mittelalter und früher Neuzeit, Zürich 2007, S. 139–152; zur Herausbildung globaler Perzeption des Raumes und zum Dualismus von Land und Meer vgl. Carl Schmitt: Der Nomos der Erde im Völkerrecht des Jus Publicum Europaeum, Köln 1950, Kap. 1.

5 Vgl. Charles Higounet: A propos de la perception de l'espace au moyen age. In: Georges Duby, Karl Ferdinand Werner (Hg.): Media in Francia. Recueil de mélanges offert à Karl Ferdinand Werner à l'occasion de son 65e anniversaire, Maulévrier 1989, S. 257–268; Guy P. Marchal: Grenzerfahrung und Raumvorstellungen. In: Ders. (Hg.): Grenzen und Raumvorstellungen (11.–20. Jh.), Zürich 1996, S. 11–25.

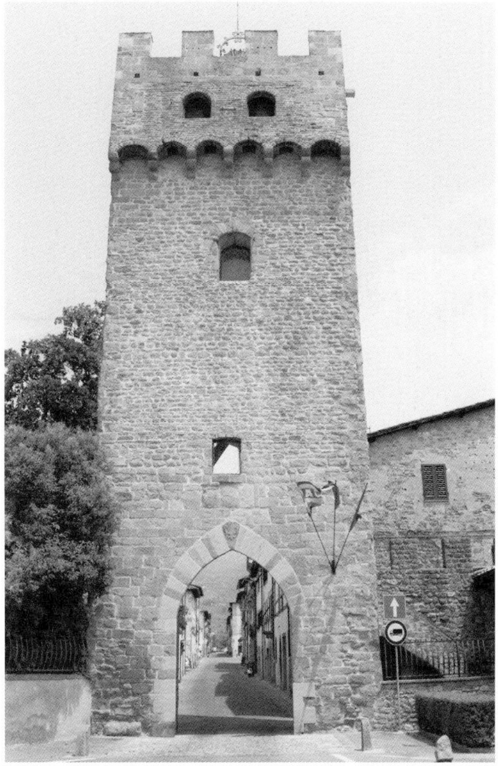

Abb. 2: Stadttor, Außenansicht von Südwesten, Castelfranco di Sopra, 1. Hälfte 14. Jh.

Mauern und Türme boten neben ihrer Signalfunktion nach außen Schutz und Schirm für den Stadtkörper, dessen Inneres die Kernzone des Lebensraums seiner Bevölkerung bildete. Mit den Neustadtgründungen verbunden war der Export urbaner Lebensweise in die Landschaft. Haushalten, die unter der Feudalherrschaft noch Gehöfte in der zersiedelten Landschaft bewohnt hatten, wurden innerstädtische Streifenparzellen zugewiesen, die sie parallel zur Errichtung der Stadtmauern, Tore und des Vikarenpalasts mit Unterstützung florentinischer Bautrupps selbst zu bebauen hatten. Das Leben der in der Bauzeit der Terre nuove Aufgewachsenen wandelte sich fundamental: Sicherheit gewährte nun nicht mehr der Feudalherr, sondern die von der Republik protegierte urbane Gemeinschaft und ihr architektonisch-fortifikatorisches Bauwerk. Florenz und ihren Offiziellen gegenüber waren sie nun zu Rat und Tat verpflichtet. Ein Mann pro Hausstand wurde zum Städtebau herangezogen, während die Landarbeiter morgendlich aus den Quartieren ihrer Stadt durch die Tore der sie umhegenden Stadtmauern hinaus auf dieselben Felder zogen, die ihre Familien seit langer Zeit schon in den Niederungen des Arnotals und des Mugello bestellt hatten, um allabendlich die Erträge in die kommunalen Speicher des Kastells einzufahren. Binnen weniger Generationen wuchsen auf diese Weise die florentinischen Terre nuove in gemeinschaftlicher Anstrengung aus zuvor unbebautem Boden empor.

Der Grundriss als Diagramm der Gesellschaft

Der Grundriss des ab 1298 projektierten Prototyps San Giovanni wurde prägend für den städtebaulichen Typus.[6] Der rigoros geometrisierte, hermetisch geschlossene Entwurf zeichnet sich durch eine gesteigerte Intentionalität in der

6 Vgl. Enrico Guidoni: Terrenuove fiorentine. In: Enciclopedia dell'Arte Medievale, Bd. XI, Rom 2000, S. 138–140.

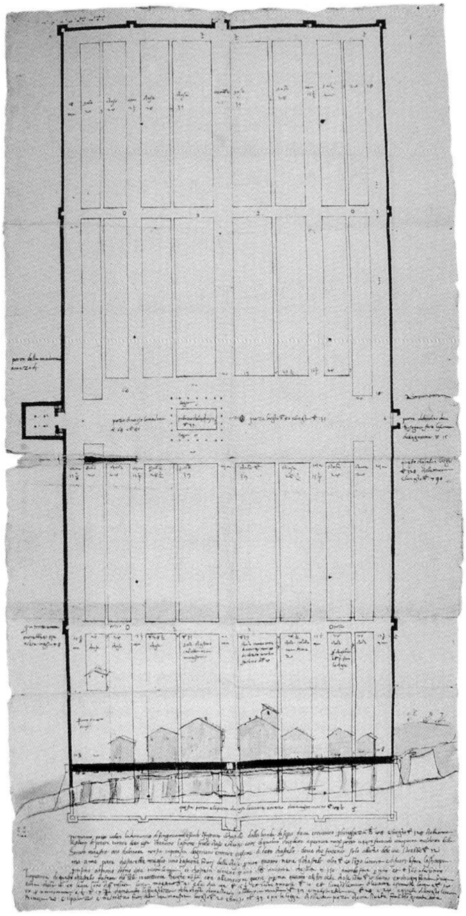

Abb. 3: Pietro della Zucca: Castel San Giovanni, bemaßter Grundriss mit integriertem Querschnitt durch Bebauung und Untergrund, 1552 (Archivio di Stato Firenze, Cinque conservatori del contado, 258, Folio 602 bis., Rapporto sui danni dell'alluvione fatto il 10 marzo 1552 da Maestro Pietro della Zucca).

Formfindung aus. Anhand der bemaßten Bauaufnahme des florentinischen Beamten Pietro della Zucca (Abb.3, Farbtafel 2), die anlässlich einer Überschwemmung im Jahr 1552 entstand, kann dieser rekonstruiert werden. Der längsrechteckige Zeilengrundriss spannt sich als ein System von jeweils zwei Parallelstraßen und Gassen symmetrisch zu beiden Seiten der Via Cassia auf. Durch Querstraßen und eine zentrale Piazza sind sie zu einem streng orthogonalen Raster verbunden. Darin können vier Klassen von Baublocks unterschieden werden, deren Tiefe vom Zentrum zur Peripherie abnimmt. Die in die Baublocks eingebetteten Parzellen, die Zucca nicht verzeichnet, hatten ursprünglich die einheitliche Breite von zehn *braccia* mit zwei Fensterachsen zur Straße; sie unterschieden sich nur durch ihre Tiefenerstreckung. Während die größten Parzellen sich mit Ladenlokalen direkt an der Hauptstraße aufreihten, wurden die kleineren Parzellen von den schmaleren Parallelstraßen erschlossen, und die kleinsten befanden sich in strategisch nachteiliger Lage unmittelbar hinter den langen Flanken der Stadtmauer. Kommunale Baugesetze schrieben die Errichtung von bis ins Detail typisierten Wohnbauten vor, deren Fassaden sich so zu einheitlichen Baufluchten verbanden, wobei die Höhe der zur Straße orientierten Traufkanten im Verhältnis 1:1 zur Tiefe der Parzellen stand. Der in die Pianta Zucca integrierte Querschnitt zeigt deutlich die von der Mitte zu den Rändern proportional zur Grundfläche abnehmenden Bauvolumina. Die in den vier Quartieren wiederholte Ordnung ermöglichte die Aufnahme bestehender differenzierter Sozialverbünde aus den vier Himmelsrichtungen des Umlandes und deren Fortbestand im urbanen Raum. Neben der äußeren Grenzmarkierung von Stadt und Republik durch die charakteristischen Grenztürme wird im Stadtbild eine zweite, vielschichtigere

Form von Grenzmarkierung sichtbar. Im normierten, aber fein differenzierenden Raster der Stadt zeichnen sich soziale Grenzen und Unterschiede als Binnendifferenzierung der urbanen Gesellschaft ab. Das hier realisierte Ideal eines symbolisch wie pragmatisch wirksamen architektonischen Programms gehört seit der Antike zu den zentralen Figuren der Architektur- wie der Staatstheorie.

Die zweckdienliche Raumordnung der civitas hatte den sozialen Status ihrer Mitglieder durch die Dimensionen und Positionen des parzellierten Privatbesitzes in ein proportionales Verhältnis zum Ganzen und seinen Teilen zu setzen. Im Sinne der aristotelischen Verfassungslehre war distributive Gerechtigkeit durch die Vermessung von Grund und Boden herzustellen, welche die kollektive und individuelle Glückseligkeit als höchstes Gut des Staates gewährleistete.[7] Hierin liegt der Kernpunkt jener Grenzziehung und Parzellierung im Akt der Landnahme, den Carl Schmitt unter dem Begriff des Nomos auch als Grundlage des Rechts im Prozess der Vergesellschaftung, bei dem Besitzansprüche in gestaltete, sichtbare Form überführt würden, in die Staatstheorie eingeführt hat.[8] „Nomos ist das den Grund und Boden der Erde in einer bestimmten Ordnung einteilende und verortende Maß und die damit gegebene Gestalt der politischen, sozialen und religiösen Ordnung. Maß, Ordnung und Gestalt bilden hier eine raumhaft konkrete Einheit. In der Landnahme, in der Gründung einer Stadt oder einer Kolonie wird der Nomos sichtbar, mit dem ein Stamm oder eine Gefolgschaft oder ein Volk sesshaft wird, d.h. sich geschichtlich verortet und ein Stück Erde zum Kraftfeld einer Ordnung erhebt."[9]

In der Stadt als Kunstwerk verschmelzen Staats- und Architekturtheorie, denn Vitruvs Definition, dass „Proportion […] vor[liegt], wenn den Gliedern am ganzen Bau und dem Gesamtbau ein gemeinsames Maß zu Grunde gelegt ist",[10]

7 Vgl. Aristoteles: Politik. Schriften zur Staatstheorie, Stuttgart 2007, darin das Glück als höchstes Gut: I,1,1252a 1–7 sowie zur distributiven Gerechtigkeit: III,9,1280a 7–22; rezipiert im Mittelalter durch Thomas von Aquin: Summa theologica, 1265/1266–1273, II–II, 57–79; Manuela Borkenstein Neuhaus: Civitas – Vorstellung und Wirklichkeit. Architektur und Urbanistik im mittelalterlichen Italien, Oberhausen 2001.

8 Zur Grenzthematik bei Carl Schmitt vergleiche den Beitrag von Niels Werber in diesem Band.

9 Schmitt (s. Anm. 4), S. 39–40.

10 Vitruvius Pollio: De architectura libri decem, Darmstadt 1987, 3,III,12; die für die Stadtbaukunst relevanten Passagen des antiken Traktats waren im Mittelalter bekannt, vgl. S. Schuler: Vitruv im Mittelalter. Die Rezeption von „De architectura" von der Antike bis in die frühe Neuzeit, Köln 1999.

gilt in der Planstadt sowohl für die gebaute Form, in der sich die ideologischen Ordnungssysteme technisch materialisierten, als auch für die juristische Verfassung ihres Staatswesens.

Die irdische Stadt als Bild kosmischer Ordnung

Während einerseits im städtebaulichen Entwurf durch das Bauen von Mauern klare und juristisch wirksame Grenzen gezogen wurden, um das Funktionieren der Stadt als soziale *machina*[11] zu gewährleisten, geschah im Gegenzug eine Entgrenzung des Stadtkörpers über seine physischen Mauern hinaus zum kosmologischen Modell. Symbolisch wurde dem Artefakt des urbanen Raumes eine anagogische Bedeutungsebene verliehen.

Am Beispiel des Grundrisses des Castel San Giovanni lässt sich zeigen, dass über die zweckdienliche Raumordnung der Stadt hinaus dem Entwurf eine solche christlich-biblische Symbolik eingeschrieben wurde. Eine derartige Synthese von Zweck und Symbolik war zugleich ein zentraler Aspekt mittelalterlicher Kunsttheorie. Durch die Zweckbindung erhielt das Artefakt im Mittelalter seinen moralischen Sinn, indem es aus der Anschauung der objektiven Form heraus direkten Einfluss auf die Lebensführung der Betrachter zu nehmen hatte.[12] Dies galt für die Ikonografie eines Altarbildes ebenso wie für die Gestalt eines urbanen Gefüges, dessen alltägliche Nutzung als Erfahrungs- und Aktionsraum der Bewohner eine konkrete räumliche Ordnung bedingte. Diese war zugleich als symbolischer Ausdruck höherer Ordnung, als Bedeutungsträger aufzufassen und als solcher aus den theologischen und philosophischen Schriften der Autoritäten des scholastischen Weltbildes, insbesondere der Bibel, der Kirchenväter und den im Mittelalter bekannten Texten der Antike zu entwickeln.[13]

Die theologische Idealvorstellung der civitas war im Mittelalter von der Überlieferung der Niederkunft des Himmlischen Jerusalems in der Offenbarung des Johannes geprägt. Deren Auslegung in *De civitate dei* des Augustinus beförderte

11 Den Begriff „machina" verwendet Francesco da Bibbena, der Notar und Kanzler des Vikariats Valdarno superiore, in seiner „Laudatio urbis" des Jahres 1484, vgl. Archivio Storico della Basilica di Santa Maria delle Grazie di San Giovanni Valdarno: Libro de' Capitoli dell'insigne Oratorio di San Giovanni, Kap. 3, fol. 7v–8r, 30. Januar 1484: „Et lo edifitio et machina di decto castello fu facto et edificato in questa forma [...]."

12 Vgl. Rosario Assunto: Die Theorie des Schönen im Mittelalter, Köln 1963, S. 17ff.

13 Vgl. Günter Bandmann: Mittelalterliche Architektur als Bedeutungsträger, Berlin 1979; Erwin Panofsky: Gotische Architektur und Scholastik. Zur Analogie von Kunst, Philosophie und Theologie im Mittelalter, Köln 1989.

die Wirkmacht dieser zentralen Metapher der Grenzüberschreitung in der Zwei-Sphären-Dichotomie zwischen Himmel und Erde. Die für den christlichen Glauben zentrale Grenze, die Trennung zwischen dem irdischen Dasein und dem Himmelreich, wird in der urbanen Form als transzendierendem Medium überwunden:

„Aber Jerusalem, das droben ist, das ist die Freie und unsere Mutter. [...] Denn ein Teil des irdischen Staates ward zum Bild des himmlischen, weist nicht auf sich selber, sondern auf den anderen hin [...]. Wir müssen also zwei Weisen des irdischen Staates betrachten, die eine führt uns sein eigenes Dasein vor Augen, die andere dient durch sein Dasein als Hinweis auf den himmlischen Staat."[14]

Als der Rat der Stadt Florenz am 26. Januar 1298 den Bau von „tres terre seu comunitates de novo"[15] im oberen Arnotal beschloss, war Arnolfo di Cambio, dessen scholastische Bildung das schon von Vitruv geforderte Ideal des Universalgelehrten einzulösen vermochte,[16] Leiter der Opera del Duomo. Nach seinem Plan wurde der Grundriss des Castel San Giovanni vor der Einmessung im nivellierten Baugrund auf dem Reißbrett entwickelt.[17] Dabei griff der Künstler auf eine geometrische Figur zurück, an deren Entwicklung er in den Jahren 1277/1278 beteiligt gewesen war, als die Pisano-Werkstatt in Perugia die Fontana Maggiore schuf.[18] Der vierundzwanzigeckige Grundriss der oberen Brunnenschale (Abb. 4) wird in seiner sternförmigen Gestalt durch die Überlagerung von zwei Hexagonen mit gemeinsamem Mittelpunkt konstruiert, zwischen deren zwölf Ecken sich durch die Schnittpunkte der Kanten weitere zwölf Innenecken bilden. Die Figur nimmt durch diese Zahlen direkten Bezug auf die zwölf Tore und Grundsteine im Mauerring des Himmlischen Jerusalem sowie die vierundzwanzig Ältesten der Apokalypse, als welche die Figuren an den

14 Augustinus: Vom Gottesstaat (De civitate dei), Zürich 1955, S. 218f.

15 Archivio di Stato di Firenze, Provvisiones, 9, fol. 136r–137r, zitiert nach: Friedman (s. Anm. 1), Document 2, S. 308.

16 Vitruvius Pollio: De architectura libri decem, Darmstadt 1987, S. 24f.

17 Originalzeichnungen des Grundrisses für San Giovanni sind nicht erhalten, doch Dokumente trecentesker Planungspraxis stützen die These. Vgl. Valerio Ascani: Il Trecento disegnato. Le basi progettuali dell'architettura gotica in Italia, Rom 1997; Vasari schreibt Arnolfo den explizit gezeichneten Entwurf des Castel San Giovanni zu. Giorgio Vasari: Le vite dei piu eccellenti pittori, scultori e architetti, hg.v. P. Della Pergola, Mailand 1962, Bd. 1, S. 225: „[...] il castello di San Giovanni [...], ne fece Arnolfo il disegno [...]".

18 Kathrin Hoffmann-Curtius: Das Programm der Fontana Maggiore in Perugia, Düsseldorf 1968; G. Cuccini: Arnolfo di Cambio a Perugia. In: C. Santini (Hg.): Il linguaggio figurativo della fontana maggiore di Perugia, Perugia 1996, S. 315–328.

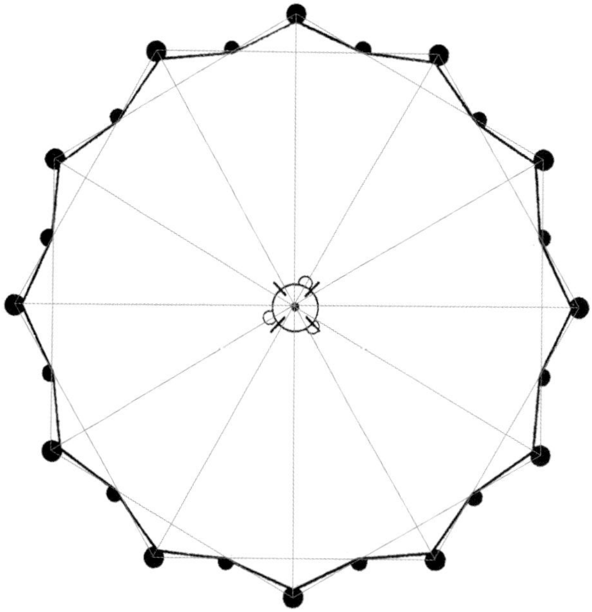

Abb. 4: Nicola und Giovanni Pisano und Arnolfo di Cambio: Fontana Maggiore, Grundriss der inneren Brunnenschale mit Konstruktionsmatrix, Perugina, 1277/1278.

Eckpunkten der Brunnenschale auch gedeutet werden. Diese in der Mikroarchitektur des Peruginer Brunnens etablierte Verweisformel auf die Himmlische Stadt kann als konstitutive, in der gebauten Form jedoch unsichtbare Matrix im Entwurfsprozess des Zeilengrundrisses von San Giovanni angenommen werden (Abb. 5).[19]

Wie bei der Peruginer Brunnenschale ist die Topologie der Stadt das Produkt trigonometrischer Operationen. Dabei wurden über dem Mittelpunkt eines Kreises zwei Hexagone konstruiert.[20] Deren Ecken liegen auf der Kreisbahn, und ihre Kanten bilden Sehnen zwischen den Endpunkten jeweils zweier Radien im Winkel von 60 Grad. Durch die Rotation eines der Hexagone um 30 Grad bilden dessen sechs Radien Winkelhalbierende im anderen Hexagon und schneiden dessen Kanten im rechten Winkel. Aus der Vielzahl der sich daraus ergebenden Schnitt- und Eckpunkte des punktsymmetrischen Konstruktionsverfahrens definieren jeweils zwei sich strukturell entsprechende Punkte in zwei Quartieren der Stadt eine longitudinale Bauflucht im Grundriss. Deren Abstand untereinander – und somit die Tiefe der Parzellen – reduziert sich entsprechend dem bogenförmig zwischen Zentrum und Peripherie vermittelnden Bahnverlauf des Kreises. Der Kreis bestimmt als ideale oder göttliche Form und geometrisches Sinnbild kosmologischer Harmonie die Proportionen der urbanen Form, bleibt im strikt orthogonalen Produkt jedoch unsichtbar. Hinter dem „eigenen Dasein“ des irdischen Staates verbirgt sich die Matrix eines technischen Konstruktionsverfahrens, das „als Hinweis auf den himmlischen Staat“ dient.

19 Vgl. Guidoni: Arnolfo (s. Anm. 1), S. 39–58.

20 Die leicht variierenden Hypothesen aus der Forschung zur geometrischen Konstruktion des Stadtgrundrisses von San Giovanni Valdarno bei Guidoni: Arte (s. Anm. 1). Friedman und Guidoni eint der Bezug auf die dem Mittelalter bekannte Geometrie, vgl. speziell Friedman (s. Anm. 1), S. 117–148.

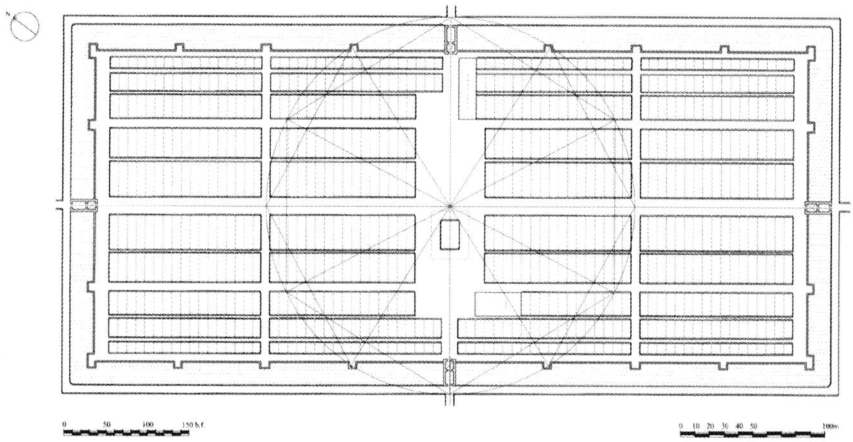

Abb. 5: Castel San Giovanni, Grundrissrekonstruktion (Ausschnitt) mit Konstruktionsmatrix, ab 1298.

Anhand der spätmittelalterlichen Planstadt sind drei Arten von Grenzen sichtbar geworden. Die turmbewehrten Stadtkörper wurden zunächst als visuelle Repräsentanten der Außengrenzen des Flächenstaats im Landschaftsbild der Toskana betrachtet. Die Territorialgrenze an der Schwelle zur Frühneuzeit ist ein fluider, aus der Bewegung wahrgenommener Saum, den die turmbekrönte Silhouette der Stadtbefestigung im Landschaftsbild markiert. Introspektive Aspekte des Prozesses frühmoderner Staatenbildung offenbarte dann der Blick auf den Grundriss des städtebaulichen Typus der Terra nuova, der im planerischen Idealfall der Neustadt ex novo als ein Diagramm der Staatsordnung entwickelt wurde. Die urbane Form diente als zweckgebundenes Werk der Stadtbaukunst dem moralischen Sinn, das Leben der Landbevölkerung zu „civilisieren". Das im technischen Konstruktionsverfahren des Grundrisses verborgene Modell dieses Ordnungssystems fand sich schließlich auch in der theologischen Demarkation von Himmel und Erde, deren Wahrnehmung sich aus dem Glauben an das Unsichtbare speist.

Rüdiger Campe

In der Stadt und vor Gericht. Das Auftauchen der Bilder und die Funktion der Grenze in der antiken Rhetorik

Pro ommaton, ante oculos, energeia, enargeia: Wie kommt es zum Bild?

Neue Theorien des Bildes grenzen ihr Vorhaben in vielfältiger Weise von der herkömmlichen Bildauffassung in der westlichen Tradition ab. Platons Abbilder erster und zweiter Ordnung und ihr Bezug auf die Ideen gelten danach als Stichwortgeber für die ererbte Semantik des Bildes, und zwar besonders für die Aspekte der Repräsentation (mimesis) und der Gestalthaftigkeit (eidos).[1] Weniger wurde bedacht, dass die klassische antike Rhetorik bereits eine eigene, alternative Bildtradition entwickelt hat. Zwar kann die Rhetorik nicht den Anspruch erheben, Beiträge zu Repräsentation, Mimesis und Gestalthaftigkeit zu leisten. Aber sie spricht davon, wie es zu Bildern kommt: Unter welchen Umständen, durch welche Techniken oder mit welchen Folgen Bilder auftauchen oder etwas als ein Bild erkannt wird. Für die Rhetorik ist das Bild etwas, das auf überraschende, nicht selbstverständliche Weise emergiert. Seine Emergenz vollzieht sich im Feld sprachlicher, stimmlicher und leiblicher Zeichen,[2] wobei die Grenze des Feldes, in dem es erscheint, eine entscheidende Rolle für die grundlegende Bestimmung des Bildes spielt.

Seit Aristoteles wird das Auftauchen des Bildes und das Anerkennen von etwas als Bild in den Ausdrücken *pro ommaton* – vor-Augen(-stellen) – und *energeia* erörtert und mit der Theorie der lebendigen Metapher verbunden. Die lateinische Tradition hat diese Bestimmung mit der Formel „ante oculos ponere" und der Figur des vor Augen stellenden Erzählens und Schilderns, der evidentia und der hypotyposis, weitergeführt.[3] Von dort aus verzweigt sich die Debatte um das Anschauliche und das Lebendige, das Lebhafte und das Bildliche in schwer überblickbarer Weise.[4] Bei allen antiken und modernen Versuchen, Vor-Augen-Stellen als Ereignis und Verfahren des auftauchenden Bildes zu

1 Vgl. Gottfried Boehms Vorwort in ders.: Was ist ein Bild? München 1997; Reinhard Brandt: Die Wirklichkeit des Bildes, München 1997; Gernot Boehme: Theorie des Bildes, München 1999.

2 Zur These von der Tradition des emergierenden Bildes in der Rhetorik vgl. Rüdiger Campe: Aktualität des Bildes. Die Zeit rhetorischer Figuration. In: Gottfried Boehm, Gabriele Brandstetter, Achatz von Müller (Hg.): Figur und Figuration. Studien zu Wahrnehmung und Wissen, München 2007, S. 163–182.

3 Die Familie von weiteren Termen, die aus dem Vor-Augen des Aristoteles in der lateinischen Rhetorik hervorgeht, ist weit verzweigt: Dazu gehören enargeia (oft verwechselt mit energeia), hypotyposis, illustratio, evidentia u.a. Im Deutschen wird das oft mit „bildlich", „bildhaft", „malerisch" etc. aufgenommen. Vgl. A. Kemman: Evidentia, Evidenz. In: Historisches Wörterbuch der Rhetorik, hg. Gerd Ueding, Tübingen 1992ff., Bd. 3, Sp. 33–47.

bestimmen, bleibt aber der Eindruck des Unterdeterminierten. Aristoteles spricht zwar einlässlich von Metaphern, die vor Augen stellen,[5] aber der Charakter des Vor-Augen-Stellens wird nur als eine besondere Art der Metapher beschrieben. Cicero und Quintilian geben Hinweise zum anschaulichen, vor Augen stellenden Erzählen. Was aber Anschaulichkeit bedeutet und was sie zur Figur macht, erklären sie nur anhand einer anderen rhetorischen Technik, der Narration. Vor-Augen-Stellen ‚selbst' bestimmt sich in beiden Fällen aus den Bedingungen der rhetorischen Technik. Rhetorische Techniken sind regional in einem strikten Sinn: Ihre Wirksamkeit besteht in den Grenzen, für die und in denen sie konzipiert sind. Nur in diesen Grenzen und nur deshalb, weil es sie gibt, verdichten sich Möglichkeiten der Rede zu Zügen, die von einer techne geregelt werden können. Das gilt vermutlich für alle Figurationen, besonders aber für die des emergierenden Bildes. Denn vor Augen ist etwas gestellt, weil es von einer Dichte und Art der Bezeichnung ist, die sich von ihrer Umgebung abhebt. Auf diese Weise entsteht ein Feld, innerhalb dessen etwas energeia gewinnen und als ein Bild oder wie gegenwärtig erscheinen kann. „Als ein Bild" und „wie gegenwärtig" sind jedoch nur vergleichsweise gegebene und unscharfe Beschreibungen. Präzision erlangen sie durch die Bestimmung der Grenze, innerhalb derer sie gelten. Diese Grenzbestimmung ist aber auch die Bedingung, unter der die Rhetorik als techne überhaupt steht.

Diese These kann an den beiden wichtigsten klassischen Texten zur Kunst der Rede, Aristoteles' *Rhetorik* und Quintilians *Institutio oratoria* verdeutlicht werden. Zwei Arten der Grenze werden dabei hervortreten: bei Aristoteles die Grenze der Polis, innerhalb derer man zwischen den Außenwelten der Selbstverständlichkeit und des Unverständlichen den Spielraum möglicher Verständigung einkreist und ausgestaltet; bei Quintilian die Grenze des gerichtlichen Verfahrens, die den Ort des wirkungsmächtigen Sprechens von der Welt trennt, über die verhandelt wird.[6]

4 Zu weiteren Verwendungsweisen evidenzieller Figuration siehe die Beiträge in Sibylle Peters, Martin Jörg Schäfer (Hg.): „Intellektuelle Anschauung." Figurationen von Evidenz zwischen Kunst und Wissen, Bielefeld 2006.

5 Vgl. Rüdiger Campe: Vor Augen Stellen. Über den Rahmen rhetorischer Bildgebung. In: Gerhard Neumann (Hg.): Poststrukturalismus. Herausforderung an die Literaturwissenschaft, Stuttgart/Weimar 1997, S. 208–225.

6 Für eine beide Varianten umgreifende Kategorie der Evidenz vgl. Fernando Gil: Traité de l'évidence, Grenoble 1993.

Aristoteles: Das Auftauchen des Bildes im Diskurs der Stadt

Die Passage, in der Aristoteles vom Vor-Augen-Stellen, der energeia und der lebendigen Metapher spricht, findet sich im dritten Buch der *Rhetorik*, das dem sprachlichen Ausdruck gewidmet ist (iii. 10–11).[7] Von dieser Stelle aus entwickelt sich in der westlichen Kultur das Vokabular des Lebendigen, das anschaulich ist, und des Bildlichen, das lebendig macht.

Die *Rhetorik* setzt in dieser Passage die Theorie der lexis noch einmal neu an. Aristoteles hat bereits über Metaphern und andere Figuren gesprochen (iii. 2–4). In einem zweiten Ansatz fasst Aristoteles nun die Figuren unter dem Begriff der asteia (des Städtischen, lat. urbanitas) und der eudokimunta (dessen, was gut aufgenommen wird; was Erfolg verspricht) zusammen.[8] Städtische Ausdrucksweisen heben sich heraus und entfalten Wirkung. Die Stadt als Raum, in dem sie auftauchen können, lässt sich als Grenze in einem absetzenden und einem einschließenden Sinn verstehen. Das Städtische setzt sich von dem ab, was außerhalb der Mauern gebräuchlich ist: Es ist elaboriert und verfeinert. Städtisch ist aber auch, was innerhalb der Stadt Geltung und Wirksamkeit hat: In der Stadt versteht man das Städtische (iii. 10.2). Die Stadt ist der Schauraum, aber auch der politische und rechtliche Geltungsbereich der Rhetorik. In ihr können sich Kunstgriffe und besonders der Effekt des Bildes und seiner Lebendigkeit geltend machen.[9]

Die Theorie der asteia erörtert Aristoteles anhand von drei Figuren: Metapher, Antithese und Vor-Augen-Stellen (iii. 10.6). An ihnen soll sich die Stadt als ein- und ausschließende Grenze der Figuration bewähren. Diese Zusammenstellung ist keineswegs geläufig, und sie ist problematisch: Metapher und Antithese sind durch logische Beziehungen – Ähnlichkeit und Gegensatz – bestimmt. Das Vor-Augen-Stellen passt dazu nicht; es erscheint wie ein angehängter Effekt. Auf der anderen Seite ist Vor-Augen-Stellen aber dadurch ausgezeichnet, dass Aristoteles zu seiner Erklärung auf die energeia (lateinisch: actualitas) verweist, den Gegenbegriff zur dynamis (potentialitas; iii. 10.6 und 11.1). Im Vor-Augen-

7 Die Rhetorik des Aristoteles ist zitiert nach Aristoteles: The „Art" of Rhetoric, übers. von John Henry Freese, London/New York 1926.

8 Vgl. Eric Ramage: Urbanitas: Ancient Sophistication and refinement, University of Oklahoma Press 1973.

9 Die Rhetorik, so urteilt George A. Kennedy aus inhaltlichen Gründen und aus Gründen der Datierung, sei „one of his [Aristoteles'] most Athenian works". George A. Kennedy: The Composition and Influence of Aristotle's Rhetoric. In: Amélie Oksenberg-Rorty (Hg.): Aristotle's Rhetoric, Berkeley/Los Angeles/London 1996, S. 416–424, hier: S. 417.

Stellen greift damit ein Kernstück der Metaphysik in die Theorie der lexis ein. Als energeia verstanden, wird Vor-Augen-Stellen darum zur zusammenfassenden Pointe der Passage. Die Kulturen des Logischen und der Bildgebung treten zusammen im Raum, den die Stadt einräumt und den sie abschirmt.
Das geschieht zum einen von der Seite des Metaphorischen und der logischen Beziehungen aus. Das ist der besser bekannte und einfacher nachzuvollziehende Teil der Argumentation: Für das Vor-Augen-Stellen gibt Aristoteles in der *Rhetorik* ausschließlich Beispiele auf der Grundlage der metaphorischen Ersetzung an (so schon im Abschnitt über die Metapher: iii. 10.7; dann wieder in der Passage, die ausdrücklich dem pro-ommaton als energeia gewidmet ist: iii. 11.1). Die Theorie des Vor-Augen-Stellens bzw. der energeia ist hier eine der Metaphern, und zwar derjenigen welche Lebendiges (empsycha) an die Stelle von Nichtlebendigem (apsycha) setzt. In seiner Einbindung in die „métaphore vive" (Ricœur),[10] ist Vor-Augen-Stellen ganz in die Kultur der logischen Beziehungen – der Metapher und der Ähnlichkeit – verwoben.
Dass es die Metapher des Lebendigen ist, welche die metaphora-kai-pro-ommaton realisiert, lässt sich aus dem Begriff der energeia verstehen. Der *Metaphysik* zufolge ist Leben dasjenige Prinzip, das Bewegung ohne äußere Verursachung hervorbringt.[11] Diesen Lebensbegriff spiegeln Aristoteles' Beispiele für die metaphorai-kai-pro-ommaton: Alle angeführten Stellen betonen in der Verlebendigung das Moment der Bewegung. Die vor Augen stellende Metapher setzt aus sich heraus Bewegung frei, wo keine war. Die Brisanz dieser inhaltlichen Besonderheit der lebendigen Metaphern liegt darin, dass sie deren Struktur als Ersetzung spiegeln. Wie die energeia in der *Metaphysik* ist die Metapher, die Leben an die Stelle des Nichtlebendigen setzt, in dieser Setzung eine selbstbewegende Bewegung.[12]
Darin liegt eine Verwandtschaft mit dem unerwartet aufscheinenden Bild der Bildgebung. Trotzdem bleibt die Frage, die den Gedankengang von der Seite des

10 Paul Ricoeur: Die lebendige Metapher (Frz. 1975). Mit einem Vorwort zur deutschen Ausgabe, München 1986.

11 Siehe Aristoteles: Metapysik, griechisch-deutsch, übers. Hermann Bonitz, bearb. Horst Seidl, Hamburg 1978, Buch 12, Kap. 7, hier besonders 1072b14–1073a13.

12 Diese Lesart setzt voraus, Aristoteles' Metapherntheorie in traditioneller Sicht als Substitution zu verstehen und in ihr dennoch Ansätze zu einer kognitiv produktiven Sichtweise zu erkennen. Vgl. André Laks: Substitution et connaissance: une interprétation unitaire (ou presque unitaire) de la théorie Aristotélicienne de la métaphore. In: David J. Furley, Alexander Nehamas (Hg.): Aristotle's Rhetoric. Philosophical Essays, Princeton 1994, S. 283–305.

Visuellen her betrifft: Warum tritt das Lebendige vor Augen? Eine Annäherung an diese Frage ermöglichen zwei andere Passagen, in denen Aristoteles vom Vor-Augen-Stellen spricht. In der *Poetik* fordert Aristoteles vom Dichter, sich das geschriebene oder zu schreibende Drama in einer imaginären Aufführung vor Augen zu stellen. So könne er die Einheit von Handlung und sprachlichem Ausdruck kontrollieren.[13] In gleicher Weise soll der Dichter das gestische Spiel der Schauspieler imaginieren, um den Nachdruck und die Einheit des Affekts in seiner Dichtung zu wahren, eine Wendung des pro-ommaton, die für die lateinische Version des ante-oculos grundlegend sein wird. Diese Stelle erklärt im Übrigen, warum es bei der Erörterung der Metapher in der *Poetik*, anders als in der *Rhetorik*, keine Hinweise auf das pro-ommaton gibt: Die poetische Nachahmung der Handelnden hat bereits eine an bewegtes Leben gebundene Visualität an sich.[14] Dann kennt Aristoteles aber auch ein Beispiel für pro-ommaton, das nicht auf das Leben bezogen ist. In *De anima* spricht er davon, dass der Geometer sich in mnemotechnischer Absicht Drei- und Vierecke vor Augen stelle.[15] In diesem Fall verweist Vor-Augen-Stellen auf eine eigene visuelle Schemabildung, die weder das Leben noch überhaupt eine begriffliche Grundlage zur Voraussetzung hat.

In beiden Fällen liegt das Moment des Sehens beim Vor-Augen-Stellen nahe, ohne dass aber notwendigerweise etwas zu sehen ist: Im kontrollierenden Vor-Augen-Stellen geht es um eine vorwegnehmende oder nachprüfende Sichtung, nicht die einfache Sicht des Zuschauers. Geometrische Figuren lassen sich zwar in den Sand zeichnen oder auf Papyrus malen, aber darin liegt nicht ihre wesentliche Verbindung zum Raum und zum Sehen. Ihre materiale Darstellung lässt sich als bloße Gedächtnisstütze für das eigentliche, theoretische Auffassen der Figuren verstehen. Die theatrale und die geometrische Übung des Vor-Augen-Stellens kann man folgendermaßen aufeinander beziehen: Nur in einem strukturierbaren Terrain oder einem gegebenen Rahmen kann sich danach ein Bild einstellen und vor Augen treten. Vor-Augen-Stellen ist dann der Prozess

13 Aristoteles: Poetics, übers. v. Stephen Halliwell, Chapel Hill 1986, Kap. 17.

14 Zusammenfassend über die Beziehungen zwischen „Rhetorik" und „Poetik" des Aristoteles: Manfred Kraus: Zusammenhänge zwischen der aristotelischen Poetik und Rhetorik. In: Joachim Knape, Thomas Schirren (Hg.): Aristotelische Rhetoriktradition, Stuttgart 2005, S. 72–104.

15 Aristoteles: De anima, 427b 6–26; vgl. dazu den Kommmentar in: R. D. Hicks: Aristotle. De Anima, Nachdruck Hildesheim/Zürich/New York 1990.

einer Sichtbarmachung in einem Feld, in dem sich erst etwas abzeichnet. Es ist eine Übung auf der Suche nach den Rahmen oder den Feldern, in denen sie erst zur Wirksamkeit kommen kann.

Beide Beispiele können auf das pro-ommaton innerhalb der Theorie der asteia bezogen werden. Das Städtische der rhetorischen Figurensprache definiert zwar nicht einen umgrenzten theatralen Schauplatz oder einen Struktur ermöglichenden geometrischen Raum; es stellt nicht im selben Sinn wie sie einen visuellen Aufriss vor. Aber offenbar handelt es sich um einen Raum politischer Grenzen und semantischer Schwellen. Die asteia liegt für Aristoteles zwischen zwei Grenzen. Die eine verläuft gegenüber dem Außen des Selbstverständlichen, die andere gegenüber dem Unverständlichen. Das Innere der Stadt gibt den Übungen im Verstehen Raum. Mit diesem hermeneutischen Spielraum gibt sich die Rhetorik die Möglichkeit vor, Verstehen zum Gegenstand ihrer Technik zu machen. Pointiert gesagt: das Erproben logischer Beziehungen wird in den Grenzen der Stadt schematisiert.

Die Technik der Figurenbildung erscheint paradigmatisch zunächst in der Ähnlichkeit der Metapher oder dem Gegensatz der Antithese. Das Auffinden von Ähnlichkeiten und das Erfassen von Gegensätzen sind Voraussetzungen, um den Spielraum des Verstehens zu nutzen, den die Stadt freihält und anbietet. Das gilt auch für die „lebendige Metapher". In ihrem Fall kehrt sich das Verfahren aber gleichsam auf die Einräumung seiner eigenen Möglichkeit um. Wie die Ähnlichkeit und der Gegensatz ist die Visualisierung beziehungsweise Aktualisierung eine weitere und ihrer Art nach eigenständige Schematisierung von Verstehensvorgängen. Abhängig von den logischen Schematisierungen und Übungen, weil er ohne sie gar nicht auftreten kann, liegt der Schematismus der Bildgebung aber auch tiefer als die semantischen Vorgehensweisen. Der Spezialfall der metaphorai-kai-pro-ommaton bringt mit der Überführung des gedanklichen Inhalts in die visualisierte Figur den Schematismus zur Anschauung, in dem Vorgänge der Substitution und Figuration ablaufen können.

Quintilian: Die Rede vor Gericht und die Welt der Geschehnisse

In der römischen Rhetorik, bei Cicero und Quintilian, ändern sich die Bedingungen für das Vor-Augen-Stellen und seinen Bezug zum Leben. Vor-Augen-Stellen steht hier nicht mehr im Zusammenhang mit der Metapher, sondern mit Erzählen und Beschreiben. Damit ändert sich auch der Grund, der die

Figuren des Vor-Augen-Stellens zum Inbegriff der rhetorischen Technik macht: Nicht die Stadt als Raum des Verstehens bestimmt den Status des Rhetorisch-technischen bei den Römern, sondern die Grenze des Verfahrens, der Prozess.[16]
Zunächst zum beschreibend-erzählenden Vor-Augen-Stellen: Die einschlägigen Figuren heißen bei Cicero und Quintilian hypotyposis und enargeia. Ihnen schreibt die Rhetorik in unterschiedlichem Sinne zu, ein Geschehen oder eine Sache vorzustellen, als ob man sie mit eigenen Augen sähe, als ob man sie gegenwärtig sähe oder als ob man überhaupt sähe statt zu lesen oder zu hören.[17]
Was in narratio oder descriptio vor Augen gestellt erscheint, wird wie unterschiedslos als anschaulich, lebendig oder gegenwärtig bezeichnet. Einen Bezug zum Gegenwärtigen gab es in Aristoteles' Metapher des Lebendigen nur in dem Sinne, dass die energeia aktuelle Bewegung in Entgegensetzung zu möglichem Sein, Potenzialität, meinte. Das war eine ontologische Kategorie von Zeit und Raum. Erst beim narrativen Vor-Augen-Stellen der lateinischen Rhetoriker kommt die Art von Gegenwart ins Spiel, die einen Hörer oder Leser mit den vor Augen stehenden Geschehnissen verbindet.
Die Passage, in der Quintilian am nachdrücklichsten vom Vor-Augen-Stellen spricht, steht im 6. Buch der *Institutio oratoria* (vi. 1–2).[18] Es ist nicht der Ort, wo er über die Erzählung spricht (iv), und es ist nicht eines der Bücher, die den Tropen und Figuren gelten (viii–ix). An diesen Stellen kommen vielmehr terminologische Abkömmlinge des Vor-Augen-Stellens vor, auf die Quintilian im 6. Buch hinweist. Dort geht es um einen bestimmten Teil der Rede, ihren Schluss (peroratio). In der peroratio, sagt Quintilian (vi. 1.1–8), kommt die Rede noch einmal in konzentrierter Form auf sich selbst zurück. Diese Verknappung soll ein momenthaftes Erfassen im Überblick ermöglichen. Quintilian unterscheidet eine kognitive und eine affektive Spielform: Die sachliche Rede stellt wie auf

16 Vgl. dazu Elaine Fantham: The Roman world of Cicero's „De oratore", Oxford 2006; Franz Wieacker: Cicero als Advokat, Berlin 1965; Otto Seel: Quintilian oder die Kunst des Schweigens, München 1983.

17 Quintilian berichtet in „Institutio oratoria", 8, 3, S. 61–71, zitiert nach der Ausgabe Quintilian: Ausbildung des Redners, hg. und übers. von Helmut Rahn, Darmstadt 1988 (2. Aufl.), Cicero habe die Figur sub oculos subiectio genannt (vgl. De oratore, 3. 53, 202; Orator 139). Mit Berufung auf Celsus' Terminologie setzt Quintilian selbst an der selben Stelle die figura sententiae namens Hypotypose der Stilqualität enargeia oder evidentia gleich; dabei verweist er wiederum auf die Behandlung der evidentia in der Theorie der narratio (4, 2, S. 63–65).

18 Einfache Angaben im Text beziehen sich von hier an auf Quintilian: Ausbildung des Redners (s. Anm. 17).

einer Tafel ihre Argumente zusammen, während die affektive Rede mit den am meisten Emotion erregenden Momenten operiert. Vor-Augen-Stellen ist im einen Fall kristalline Klarheit (enargeia) und affektive Mobilisierung im andern (hypotyposis).[19] Aus der Auffassung der peroratio als konzentriertem Spiegel der Rede erklärt es sich, warum die beiden inversen Varianten des Vor-Augen-Stellens an dieser Stelle der *Institutio* so große Beachtung finden. Wichtiger ist aber, dass Quintilian an diese Überlegung einen großen Exkurs über die Theorie der Affekterregung in der Rede überhaupt anschließt und in ihr der Figur des Vor-Augen-Stellens die entscheidende Rolle zuspricht (vi. 2).

Vor Gericht ist Vor-Augen-Stellen der zentrale Schritt in der Erregung des Affekts. In einer für die Geschichte der Poetik einflussreichen Passage erklärt Quintilian, dass jeder Erregung von Affekten beim Zuhörer die Affekterregung im Redenden vorausgehen müsse (vi. 2. 25–36). Das Mittel zur Selbstaffizierung, die jeder Affizierung des andern vorausgeht, ist das Vor-Augen-Stellen. Der Redner stellt sich affektive Szenen vor Augen, um sich selbst in den Affekt zu versetzen, den er in anderen erregen will (vi. 2. 29). Die Erklärung scheint zirkulär: Der Redner, so ist Quintilian zu verstehen, muss über ein Repertoire affektiver Szenen verfügen, um sein Publikum in eine Welt eben solcher Szenen zu versetzen. Doch spricht Quintilian hier nicht von irgendeiner Rede, sondern im engeren Sinne von der des patronus oder orator vor Gericht. In dieser Situation der advokatorischen Rede sind drei Personen von Belang: Vor dem Richter spricht der Redner für den Klienten. Darum finden Selbstaffektion und Fremdaffektion in zwei verschiedenen Beziehungen statt. Der Redner affiziert sich in seinem Eintreten für den Klienten an den Bildern von dessen Leben. Dieses Leben des andern, des Klienten, liegt außerhalb des Raumes der Kommunikation, das heißt des Raumes, in dem der Redner zum Anderen, dem Richter, spricht. Der Sinn, den Affizierung hier hat, ist nicht ohne Betrachtung des römischen Patronatsverhältnisses zu

19 Diese Rekonstruktion des Vor-Augen-Stellens als eines verknappenden Zusammenfassens wird im Übrigen eine eigene terminologische Folge auf der kognitiven Seite (der enargeia) haben: Landkarten, Tabellen, Statistiken etc. „stellen" in der Redeweise der frühen Neuzeit regelmäßig „vor Augen". Durch diesen Wortgebrauch ist eine ganze Familie von diagrammatischen Darstellungsformen gekennzeichnet, deren bildgebende Leistung nichts mit Nachahmung oder eidetischer Gestalt zu tun hat. Zur vor Augen stellenden Tabelle in der Verwaltung des 17. Jahrhunderts vgl. Cornelia Vismann: Akten. Medientechnik und Recht, Frankfurt a.M. 2000, S. 204–217; zur mnemotechnischen Seite der Tabelle vgl. Stefan Rieger: Speichern – Merken: die künstlichen Intelligenzen des Barock, München 1997.

klären.[20] Der patronus „macht die Sache des anderen zur eigenen" (rem alienam suam reddere). Das Bild des Lebens, das zur Selbstaffektion dient und zur Fremdaffektion führt, ist Bild des Lebens des andern (des periclitans: dessen Existenz auf dem Spiel steht), das der Redner in seiner privilegierten Beziehung zum Andern, zum Richter, in den Raum der Kommunikation hineinspielt. Das Leben, das in diesem Fall im Bild erscheint, ist an keinen metaphysischen Begriff mehr gebunden. Leben im Rahmen des Prozesses ist, was draußen, außerhalb der Schranken des Gerichts, vor sich geht. Als Bild erscheint es, insofern es als Botschaft aus diesem Außen am Ort der Kommunikation, im Gericht, aufscheint. Das Als-Ob des Medienwechsels – hören als ob man sieht – erhält seinen Sinn durch die Grenze der Institution – im Gericht hören, als ob man sieht, was im Leben vor sich geht.[21] Damit wird verständlich, dass das ante oculos der römischen Rhetorik wesentlich eine Figur der Erzählung und Beschreibung, nicht der Metaphorik ist.[22] Das Leben, das die Aristotelische Metapher vor Augen stellte, war Leben als selbstbewegte Bewegung. Sicherlich gibt es auch in den „lebhaften" und „anschaulichen" Erzählungen und Beschreibungen der lateinischen Rhetoriker jähe Bewegung und dramatische Handlung. Aber darin liegt hier nicht der strukturelle Zusammenhang zwischen dem vor Augen Gestellten und dem Bild des Lebens. Das vor Augen gestellte Bild heißt bei Quintilian eine rerum tota imago. Damit ist gemeint, dass die Detailfülle schon in der Sprache die Art eines kontinuierlichen Mediums annimmt. Hierin ist der Bildcharakter des Lebens im Erzählen begründet. Die Technik insbesondere der Beschreibung nimmt Züge des Ausmalens von Bildfeldern an.[23] Erzählen und Beschreiben übernehmen

20 Für die rechtsgeschichtlichen Verhältnisse in der späten Republik und der frühen Kaiserzeit vgl. John A. Crook: Legal Advocacy in the Roman World, London 1955; Max Kaser: Das römische Zivilprozeßrecht, München 1966; Hans Joachim Mette: Das römische Zivilrecht zu Beginn des Jahres 46 vor Christus, Heidelberg 1974; Jens-Uwe Krause: Spätantike Patronatsformen im Westen des römischen Reiches, München 1987.

21 Das ist genauer begündet in Rüdiger Campe: Affizieren und Selbstaffizieren. Rhetorisch-anthropologische Näherung ausgehend von Quintilian, Institutio oratoria VI, 1–2. In: Josef Kopperschmidt (Hg.): Rhetorische Anthropologie. Studien zum Homo rhetoricus, München 2000, S. 135–152.

22 Vgl. Institutio oratoria, 4, 2, 63–65 zur narratio; mit Verweis darauf als Tropus der evidentia: 8, 3, 61; als Figur der hypotyposis 9, 2, 40.

23 Diesem Zusammenhang, der schon in der lateinischen Rhetorik deutlich ist, könnte man genauer für die Neuzeit und die humanistische Rhetorik nachgehen mit ihrer Neigung zur Amplifikation. Vgl. zum weiteren Zusammenhang Svetlana Alpers: Kunst als Beschreibung. Holländische Malerei des 17. Jahrhunderts. Vorwort von Wolfgang Kemp, Köln 1985.

bei Cicero und Quintilian die Aufgabe, die die Metapher bei Aristoteles hatte: Sie geben dem Vor-Augen und seinem Bildeffekt einen Rahmen und ein Feld, in dem es zur Geltung kommen kann. Quintilian hat an einer Stelle der *Institutio oratoria* einen nur scheinbar trivialen Hinweis darauf gegeben, warum die Fülle der Details im Beschreiben mit dem Verweis auf das Leben zusammengehören: Welche und wieviele Details man in die rerum tota imago eintrage, hänge davon ab, wie sie sich zu den officia vitae verhalten (viii. 3, 61–71). Man braucht und schafft die Dichte der narrativen Details nach dem Maß dessen, was zum Vollzug des Lebens nötig ist.
Paradigmatisch werden bei den römischen Rhetorikern die Erzählung und die Schilderung der Gerichtsrede zu Feldern, in denen das vor Augen gestellte Bild auftauchen kann. Dabei handelt es sich um situative oder institutionelle Felder. Zu Bildeffekten werden Erzählung und Schilderung vom Leben des Klienten im Raum des Gerichts.[24] Im Raum des Gerichts ist der periclitans, dessen Existenz auf dem Spiel steht, grundsätzlich außerhalb und sein Leben – Leben überhaupt – ist nur durch Bilder seiner Abwesenheit verfügbar und zugänglich.[25] Ohne die Grenze zwischen Gericht und Außenwelt, die sich hindurchzieht durch die Beziehung des Redenden zu demjenigen, für den und vor dem er spricht, gäbe es kein Bild und kein Leben. Die Institution regelt die Kommunikation, den Ausschluss der Welt aus ihr und noch die Regeln dafür, wie die ausgeschlossene Welt in der Kommunikation als ihr Bild wieder auftaucht.

Die rhetorischen Bildtheorien formulieren eine Alternative zur Auffassung des Bildes in Platonischer Tradition. Sie behandeln auftauchende und sich einstellende Bilder, nicht Form und Wesen des Bildes. Man kann die rhetorischen Theorien aber mit Fragen und Verhältnissen in Verbindung bringen, die in der philosophischen Lehre des Bildes mit angelegt sind. Platons Höhlengleichnis ist seiner szenischen Ausgestaltung wegen besonders geeignet, diese Zusammenhänge zu verdeutlichen. Mit seiner energetischen und seiner geometrischen Variante ist Aristoteles' Vor-Augen-Stellen wie der Schatten des vor dem Höh-

24 Vgl. Jean-Baptiste Joly, Cornelia Vismann, Thomas Weitin (Hg.): Bildregime des Rechts, Stuttgart 2007.

25 Den Begriff der Zugänglichkeit im Zusammenhang mit einer Theorie des Bildes entlehne ich von Alva Noë. Noë zufolge bestimmt sich die Leistung des Bildes als eines Modells danach, dass und wie es den Zugang zu nichtgegenwärtigen Dingen und Sachverhalten eröffnet (Vortrag und Diskussion am Wissenschaftskolleg zu Berlin 2007–2008).

leneingang vorübergetragenen Gegenstandes auf das Wesen des Dargestellten bezogen. Aber Vor-Augen-Stellen in der Stadt bildet nicht ab, was schon als Form und Gestalt zuvor existiert wie die Dinge außerhalb der Höhle, sondern es entwirft Leben und Form innerhalb der Mauern der Stadt. Umgekehrt evozieren die anschaulichen Schilderungen Ciceros und Quintilians, dass ihrem Auftauchen vor Gericht etwas in der Welt entspricht. Wie durch Höhlenwände ist diese Welt scharf vom Raum der Bilderscheinung – in diesem Fall dem Raum der Institution – getrennt. Aber man kann die vor Augen gestellten Bilder der lateinischen Rhetoriker nicht auf das Wesen der Dinge im Außen zurückführen. Bilder der Dinge sind sie vor Gericht. Die rhetorischen Bildtheorien lassen sich also so verstehen, dass sie jeweils bestimmte Züge aus dem Gleichnis Platons herauslösen. Aber indem sie das tun, entfernen sie sich von dem, was das Gleichnis als Ganzes sagen will; sie werden Stück für Stück zu seiner Kritik.

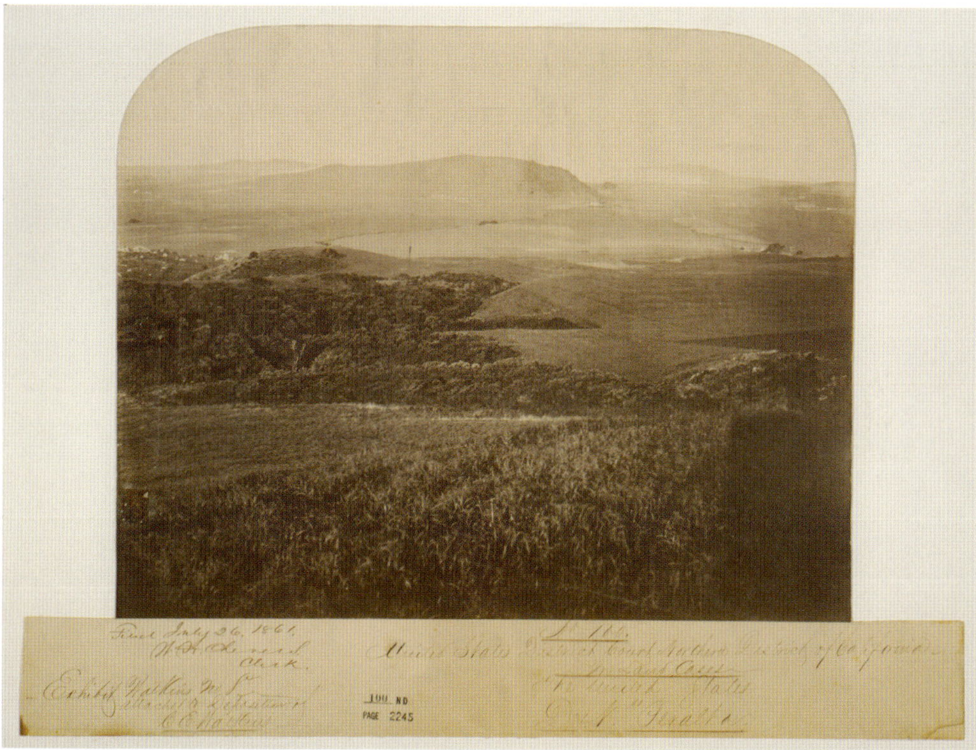

Tafel 1: Rancho San Antonio, Watkins' court deposition in Land Case 100 ND, United States v. D. & V. Peralta, 1861.

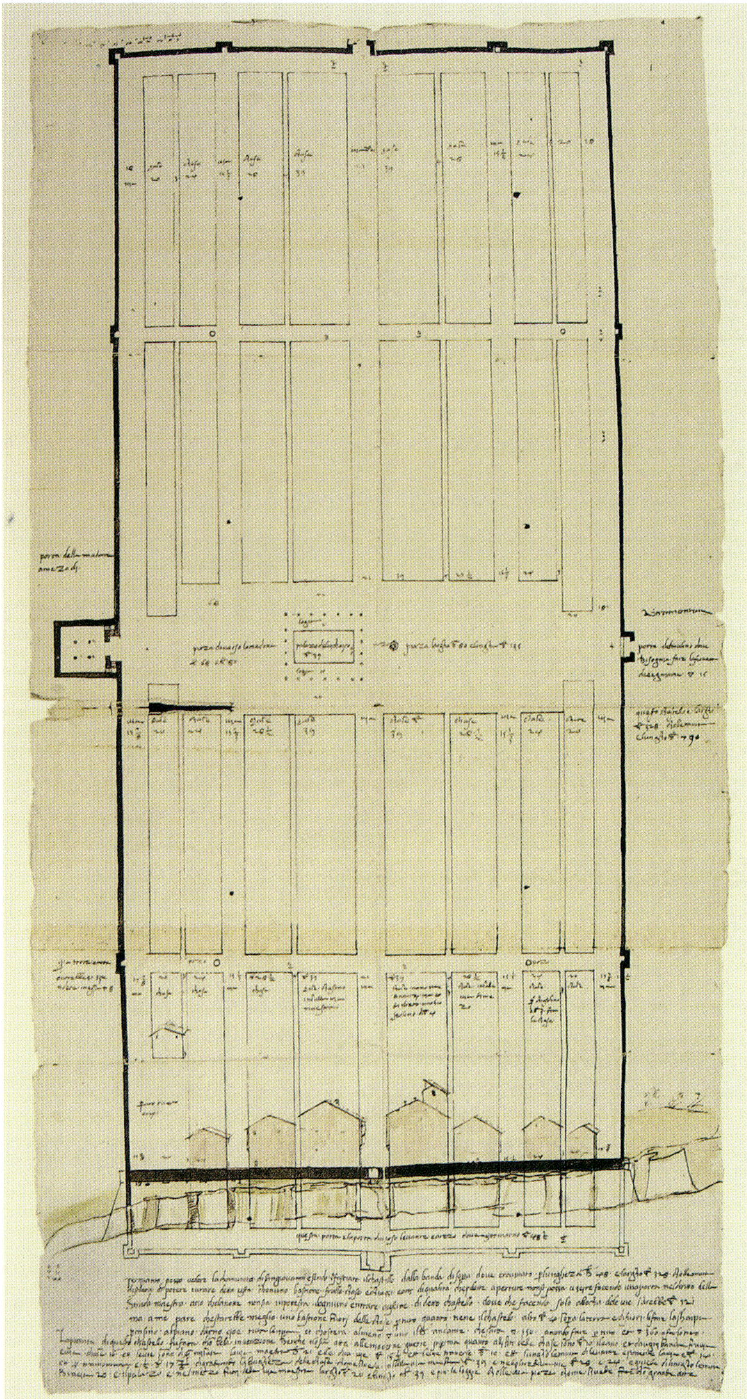

Tafel 2: Pietro della Zucca: Castel San Giovanni, bemaßter Grundriss mit integriertem Querschnitt durch Bebauung und Untergrund, 1552 (Archivio di Stato Firenze, Cinque conservatori del contado, 258, Folio 602 bis., Rapporto sui danni dell'alluvione fatto il 10 marzo 1552 da Maestro Pietro della Zucca).

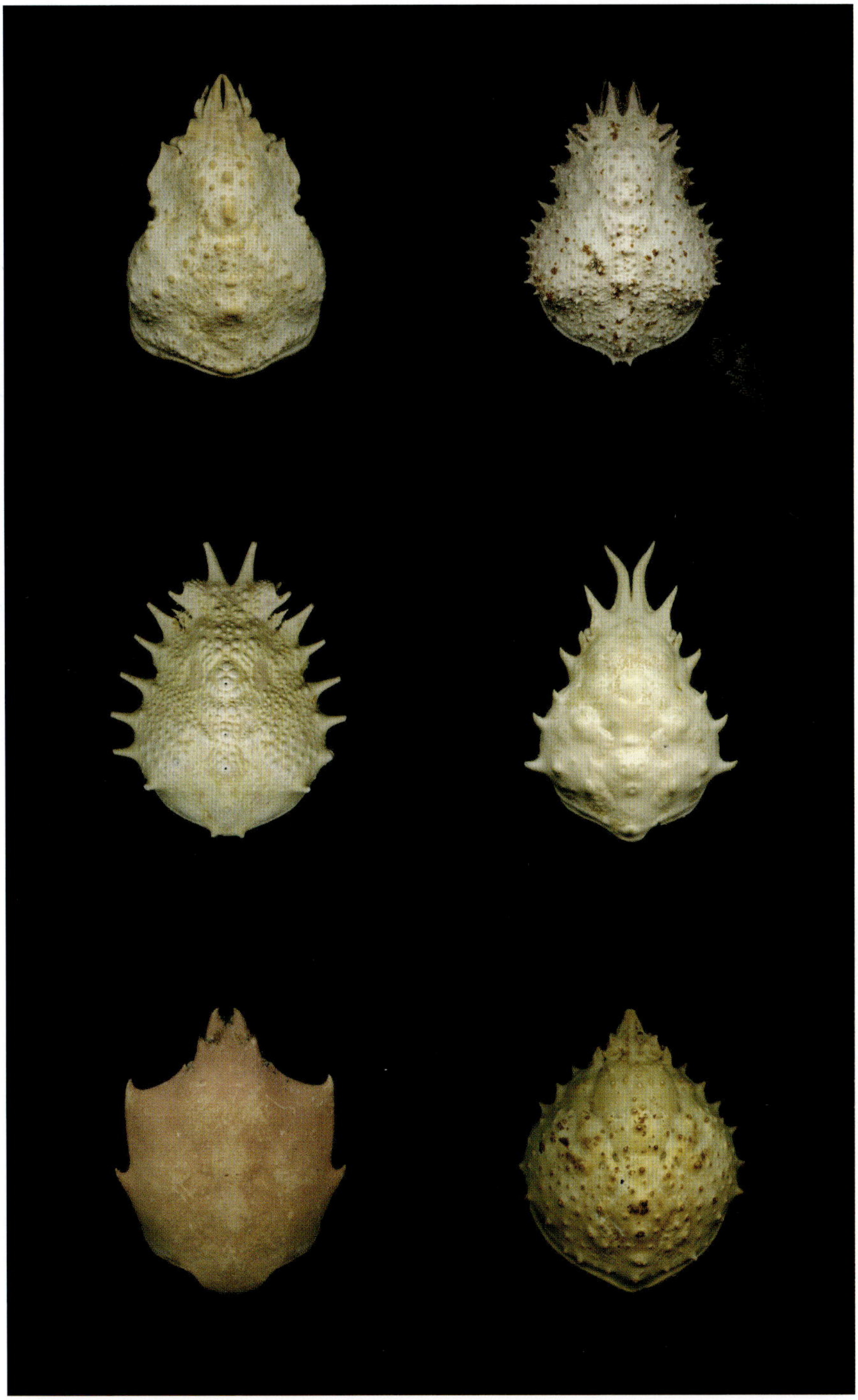

Tafel 3: Die Panzer von verschiedenen Arten der Seespinnen (Crustacea, Brachyura, Majoidea). Linke Seite von oben nach unten: *Hyas coarctatus* (Leach, 1815), *Maja crispata* (Risso, 1827), *Pugettia productus* (Randall, 1840). Rechte Seite von oben nach unten: *Leptomithrax* spec., *Pisa tetraodon* (Pennant, 1777), *Libinia emarginata* (Leach, 1815).

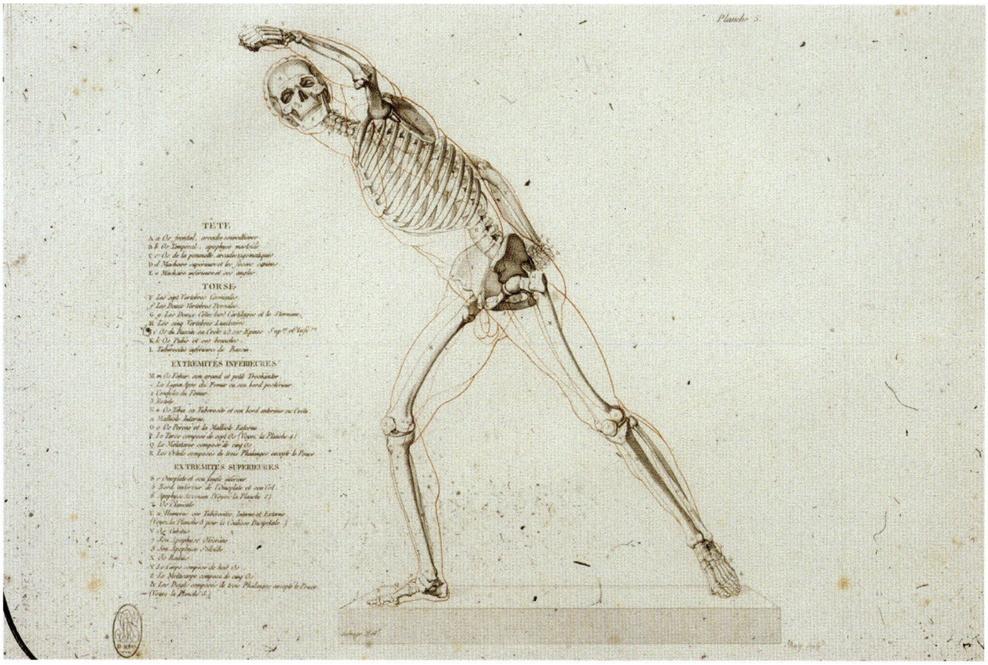

Tafel 4: Skelett in der Pose des Borghesischen Fechters, Kupferstich von Bosq nach Jean-Galbert Salvage. Aus: Salvage: Anatomie du Gladiateur, 1812, Tafel 5.

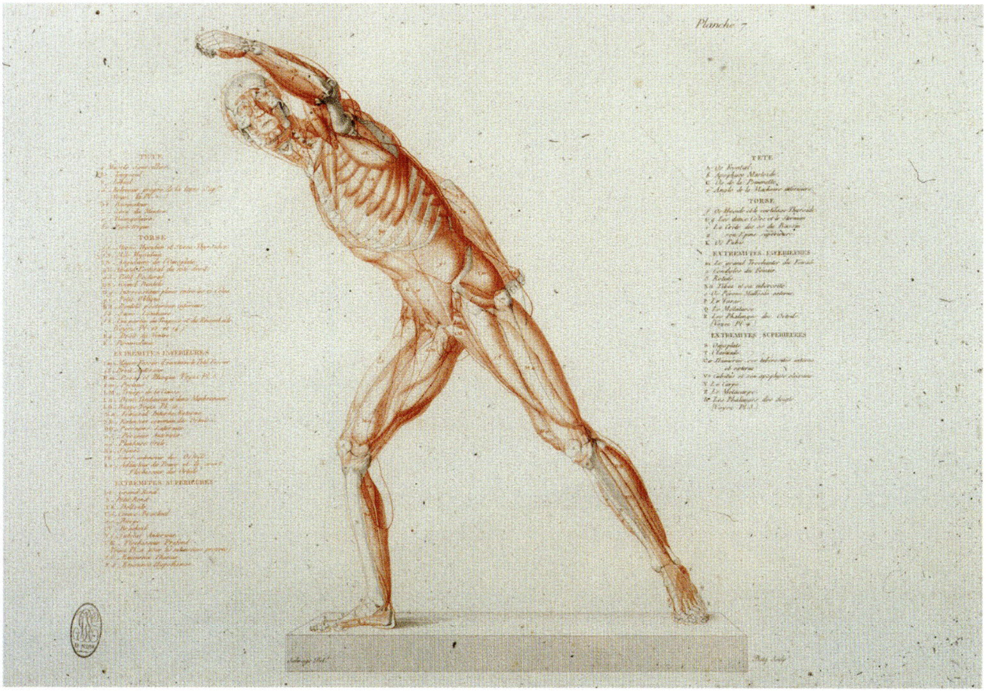

Tafel 5: Muskelfigur in der Pose des Borghesischen Fechters, Kupferstich von Bosq nach Jean-Galbert Salvage. Aus: Salvage: Anatomie du Gladiateur, 1812, Tafel 7.

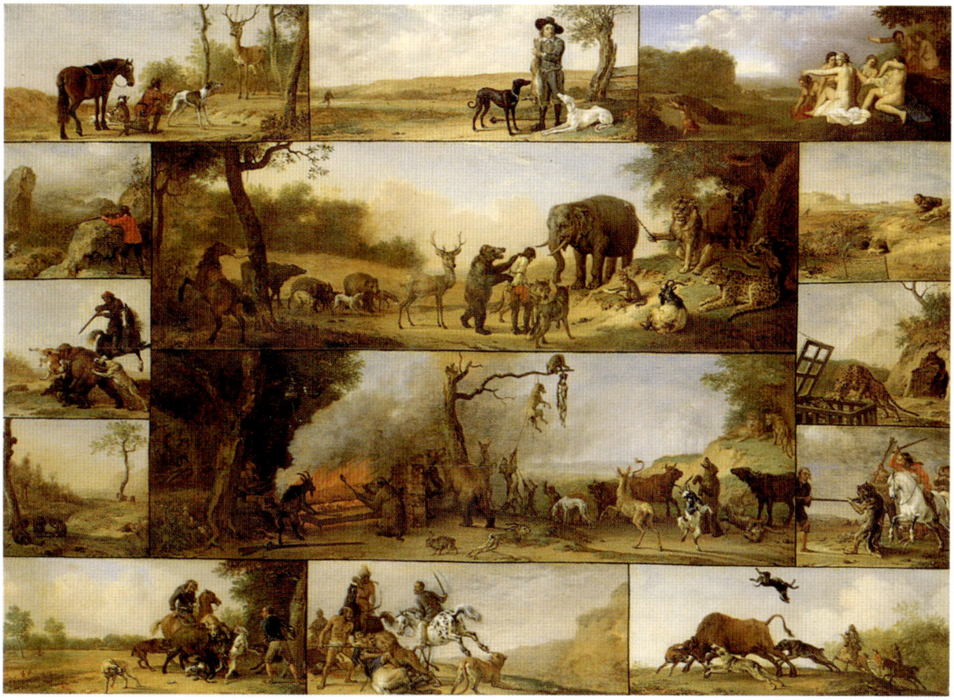

Tafel 6: Paulus Potter: The Life and Death of the Hunter, c. 1650, The State Hermitage Museum, St. Petersburg.

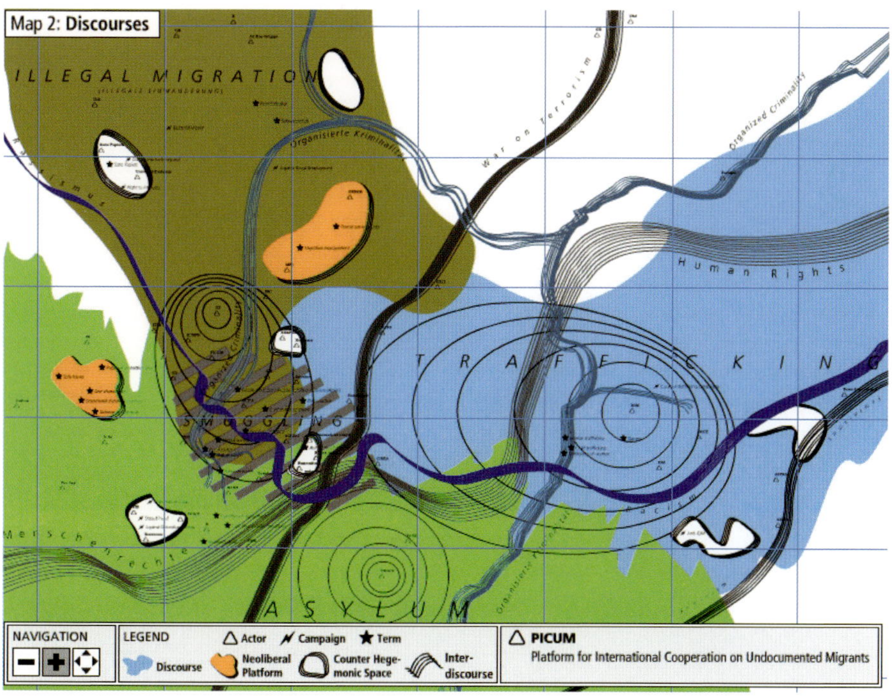

Tafel 7: TRANSMIGRATION/Labor k 3000: MigMap – Mapping European Politics on Migration, map2 : Discourses, 2005.

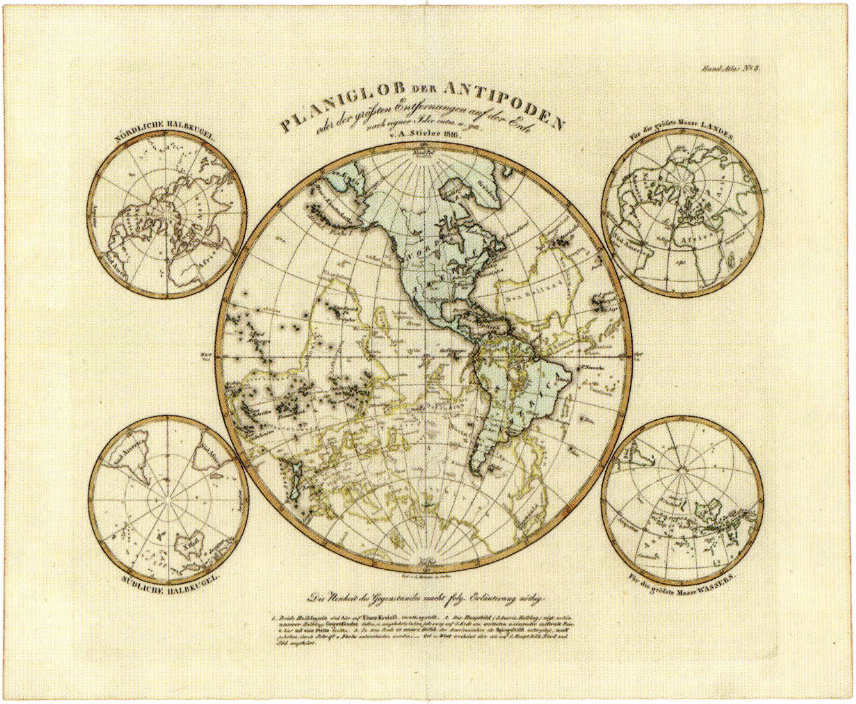

Abb. 1: Planiglob der Antipoden, Stielers Hand-Atlas Nr. 8, Gotha 1823.

Faksimile

Der Rotstift des Kartografen

Grenzverschiebungen in Stielers Hand-Atlas

„Am Anfang", so eröffnete Thomas Nipperdey seine *Deutsche Geschichte*, „war Napoleon."[1] Mindestens mit Blick auf die Geschichte der modernen deutschen Kartografie scheint das beinahe biblische Pathos dieses Satzes kaum übertrieben zu sein. Denn mit der während des Wiener Kongresses verhandelten territorialen Neugliederung Europas wuchs das Bedürfnis nach Karten, die kompetente Auskunft über das neue Gesicht des Kontinents geben konnten. Der Verleger Justus Perthes (1749–1816) jedenfalls, der in der kleinen thüringischen Residenzstadt Gotha bereits alljährlich seinen höchst erfolgreichen *Genealogischen Hofkalender* herausgab, beeilte sich, diese den politischen Ereignissen geschuldete Marktlücke umgehend publizistisch zu füllen. Mit dem Gothaer Legationsrat Adolf Stieler (1775–1836) hatte Perthes im Jahr 1815 jenen Mann gefunden, den er für sein ambitioniertes Vorhaben unbedingt brauchte, denn Stieler hatte sich zu dieser Zeit bereits seit Jahren neben seiner Amtstätigkeit auch intensiv dem Kartenzeichnen gewidmet. Stieler legte einen Entwurf für einen neuen Atlas vor, für den er mit einem Gesamtumfang von etwa dreißig Karten rechnete. Diese erste Kalkulation wurde rasch auf bis zu fünfzig einzelne Blätter erweitert, und bereits 1817 konnten die ersten Karten zu einem *Hand-Atlas über alle Theile der Erde nach dem neuesten Zustande und über das Weltgebäude* in Gotha ausgeliefert werden.[2] Perthes, der die Veröffentlichung dieses Atlanten nicht mehr erlebte, hatte sich keinesfalls verspekuliert: Nicht allein war der Bedarf an neuen Karten enorm, auch der von ihm mit Redaktion und Edition beauftragte Legationsrat und Laienkartograf Stieler erwies sich als eine überaus glück-

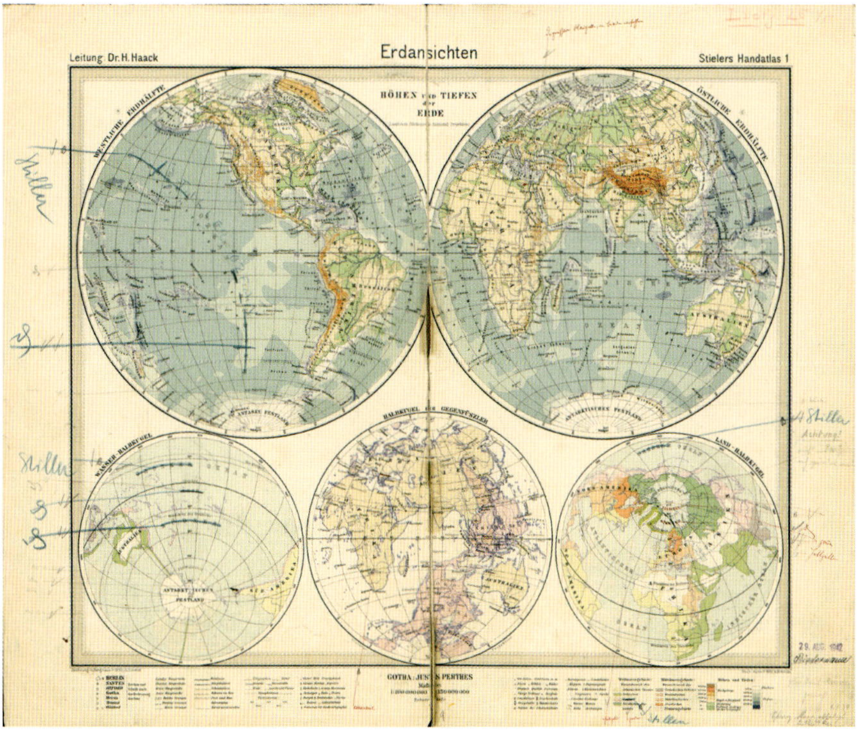

Abb. 2: Erdansichten mit Korrektureintragungen, Stielers Hand-Atlas Nr. 1, 10. Aufl., Gotha ab 1925.

liche Wahl. In rascher Folge publizierte dieser kartografische Blätter von bis dahin nicht gekannter sachlicher Gründlichkeit und visueller Qualität. Der Gothaer *Hand-Atlas* fand daher bereits im frühen 19. Jahrhundert ein großes Publikum, das sich überdies bald angewöhnte, mit Blick auf den Atlas einzig von „dem Stieler" zu sprechen. Zu dessen Vorzügen gehörte es, ungewohnte kartografische Perspektiven auf die Welt zu erlauben. Bereits in der sogeannten Vorauflage und sodann in allen weiteren Auflagen findet sich etwa ein „Planiglob der Antipoden" (Abb. 1), der es mit Hilfe einer Verdopplung, Drehung und Spiegelung des Kartenbildes erlaubt, Vorder- und Rückseite sowie Nord- und Südhalbkugel der Erde aufeinander zu beziehen und auf diese Weise dem Betrachter mit einem Blick die beiden jeweils am weitesten entfernten Punkte auf der Erdoberfläche vor Augen zu führen.

Eine zweite Version dieser „Halbkugel der Gegenfüßler" stammt bereits aus der zehnten Auflage, die seit 1925 verlegt wurde. In hervorragender Weise gibt dieses Blatt mit den verschiedenen Erdansichten im Ganzen (Abb. 2) einen Eindruck von der Arbeit jenes Teams von Kartografen, das in der Nachfolge von August Petermann (1822–1878) nunmehr unter der Leitung von Hermann Haack (1872–1966) an der Weiterentwicklung von *Stielers Hand-Atlas* beteiligt war. Mit kräftiger blauer Buntstiftmine wird hier der Pazifik in „Stiller Ozean" eingedeutscht, wird mit dünnem roten Tintenstrich der alte Name „Konstantinopel" durch das moderne „Istanbul" ersetzt und wird schließlich mit Aquarellfarben die farbige Fassung Grönlands in hellgelb und grün korrigiert. Die kartografische Beschreibung der Welt ist nie mehr als eine Momentaufnahme. Im Kartenbild wird auf eine jeweils ganz bestimmte Weise still gestellt und perspektiviert, was sich tatsächlich als ein offener und nicht abschließbarer Prozess ereignet. Mit Nachdruck und fraglos zu Recht hat eine jüngere,

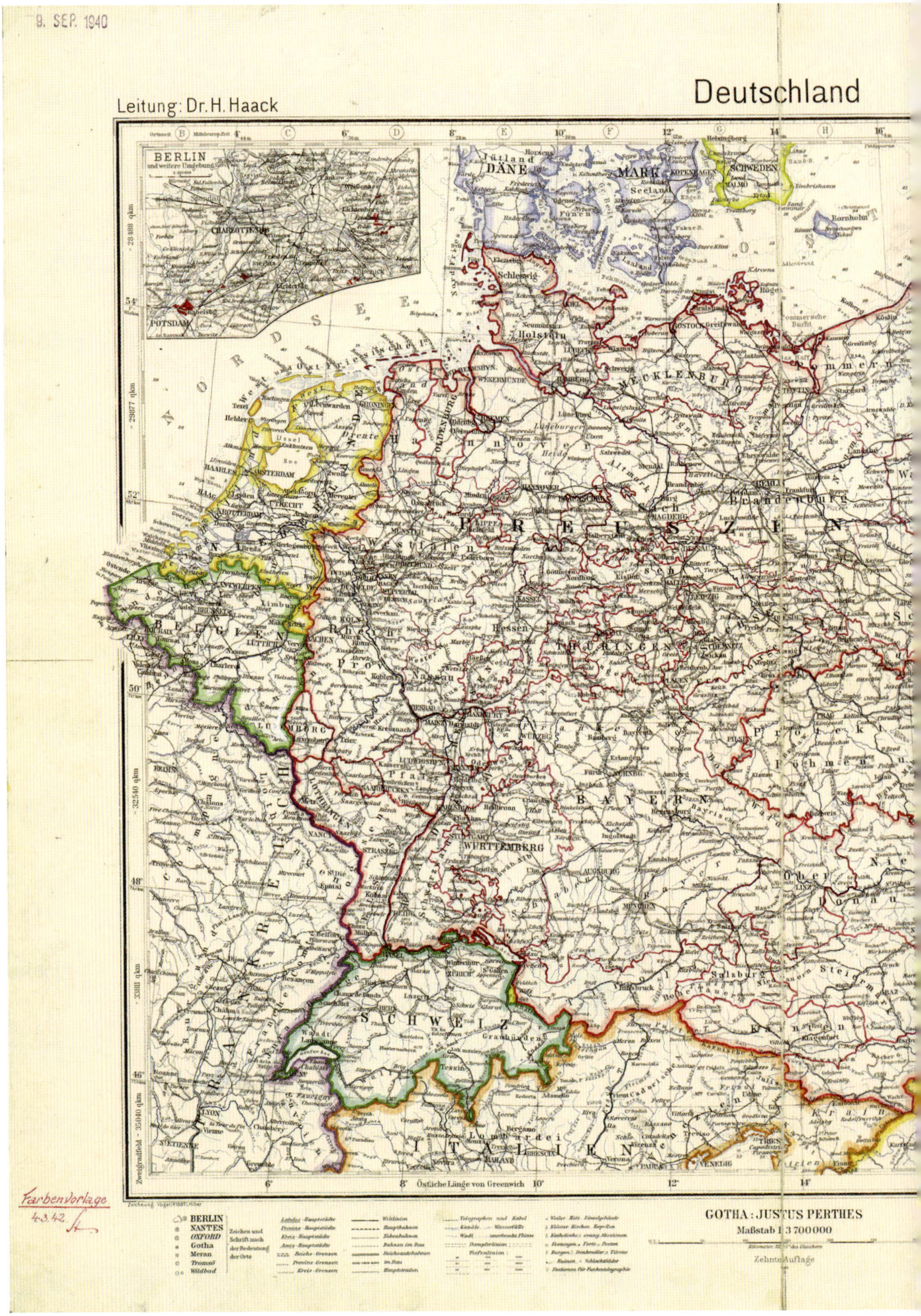
9. SEP. 1940
Leitung: Dr. H. Haack
Deutschland
BERLIN und weitere Umgebung
POTSDAM
CHARLOTTENBURG
N O R D S E E
SCHWEDEN
MALMÖ
Bornholm
Schleswig
Holstein
Hannover
BREMEN
AMSTERDAM
UTRECHT
ANTWERPEN
BRÜSSEL
BELGIEN
LÜTTICH
AACHEN
KÖLN
Westfalen
Rhein Pro
Nassau
Hessen
THÜRINGEN
Sachsen
MAGDEBURG
Brandenburg
BERLIN
Mecklenburg
Pommern
FRANKFURT
WÜRZBURG
SAARBRÜCKEN
LUDWIGSHAFEN
STRASZBURG
WÜRTTEMBERG
BAYERN
AUGSBURG
MÜNCHEN
Innsbruck
Salzburg
Steiermark
Kärnten
Krain
SCHWEIZ
ZÜRICH
ITALIEN
MAILAND
BERGAMO
BRESCIA
Verona
TRIEST
LYON
Dijon
Besançon
Östliche Länge von Greenwich
Farbenvorlage
4.3.42.
BERLIN
NANTES
OXFORD
Gotha
Meran
Tromsö
Wildbad
GOTHA: JUSTUS PERTHES
Maßstab 1:3700000
Zehnte Auflage

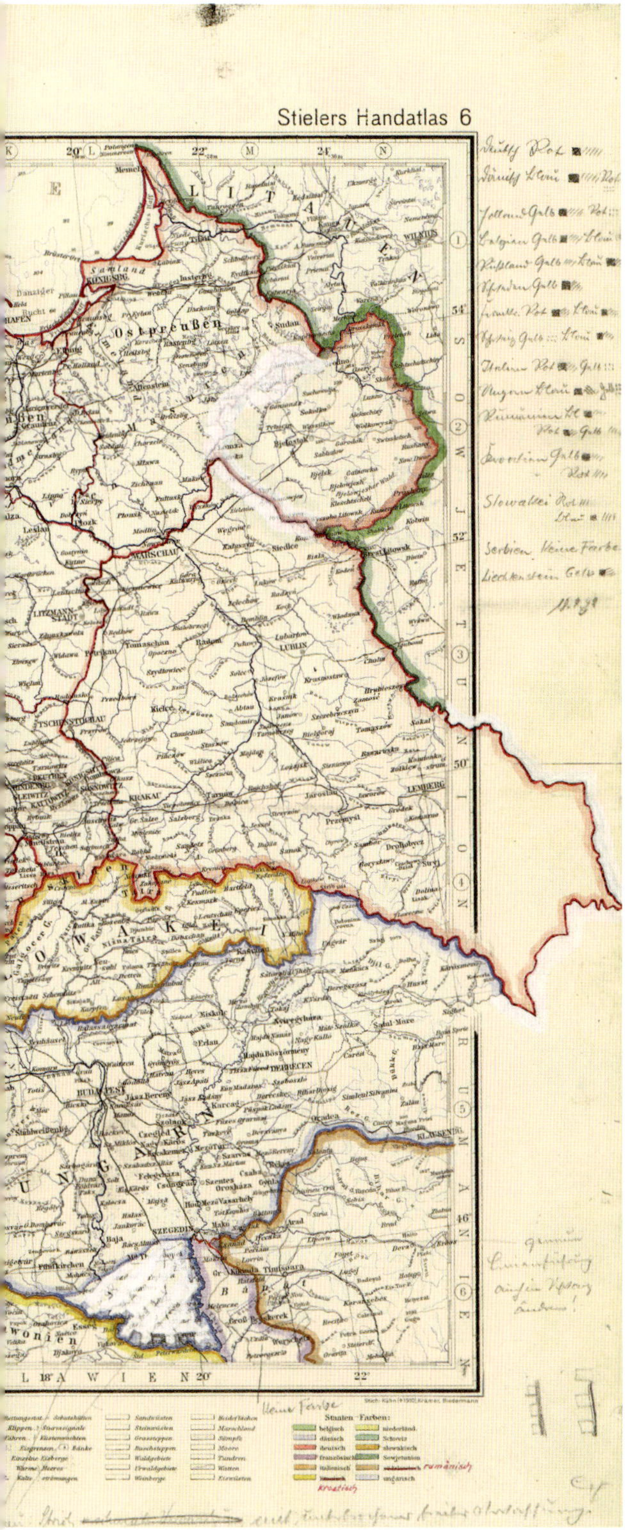

Abb. 3: Deutschlandkarte mit Korrekturen vom 9. September 1940, Stielers Hand-Atlas Nr. 6, 10. Aufl., Gotha 1940.

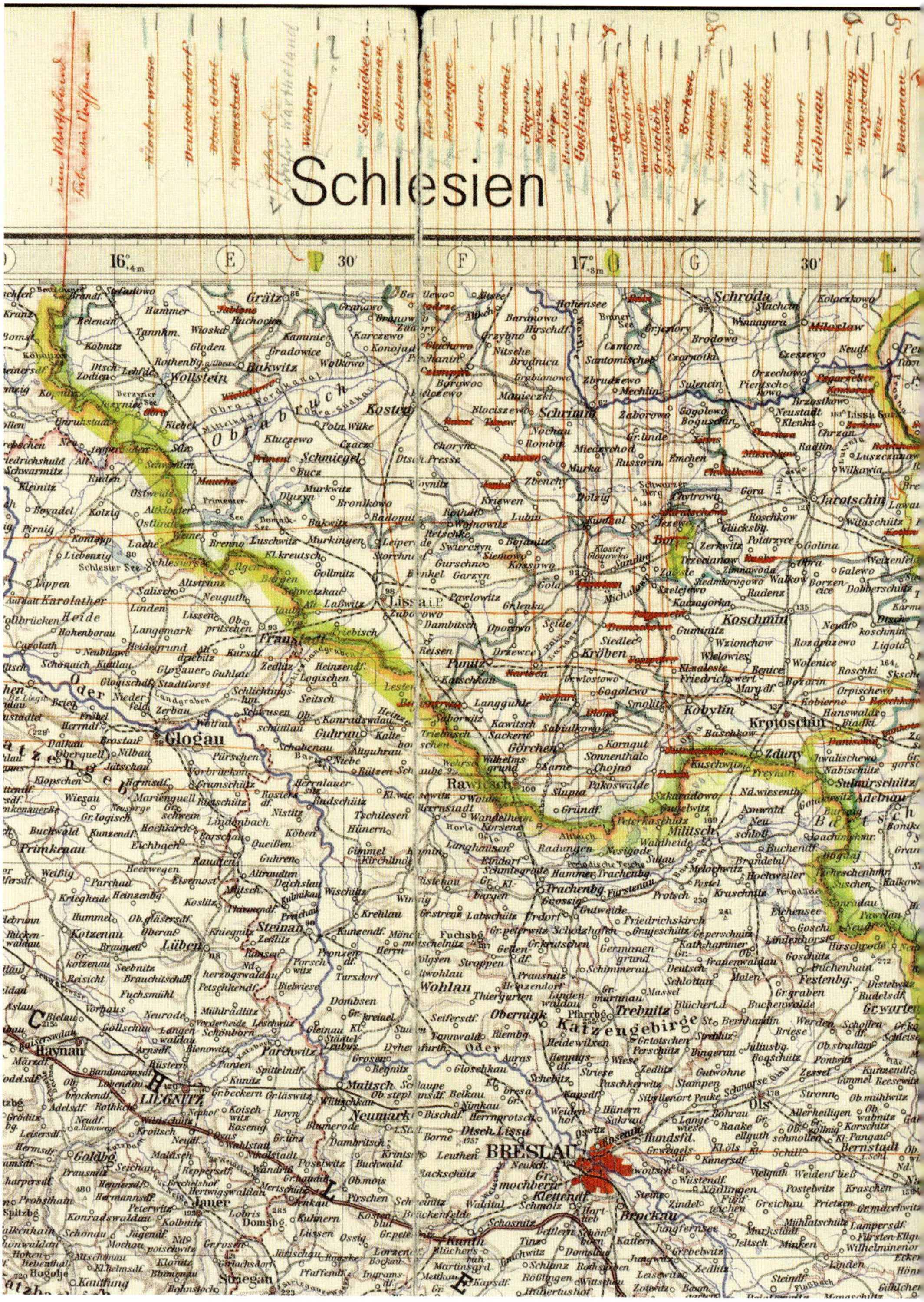
Schlesien
16°
E
30'
F
17°
G
30'
Schroda
Grätz
Wollstein
Kosten
Schrimm
Schmiegel
Obrabruch
Jarotschin
Lissa i.P.
Fraustadt
Koschmin
Kröben
Glogau
Rawitsch
Krotoschin
Kobylin
Zduny
Sulmirschütz
Militsch
Trachenbg.
Steinau
Lüben
Wohlau
Trebnitz
Katzengebirge
Haynau
LIEGNITZ
Neumarkt
BRESLAU
Oels
Jauer
Striegau
Oder
Karolather Heide

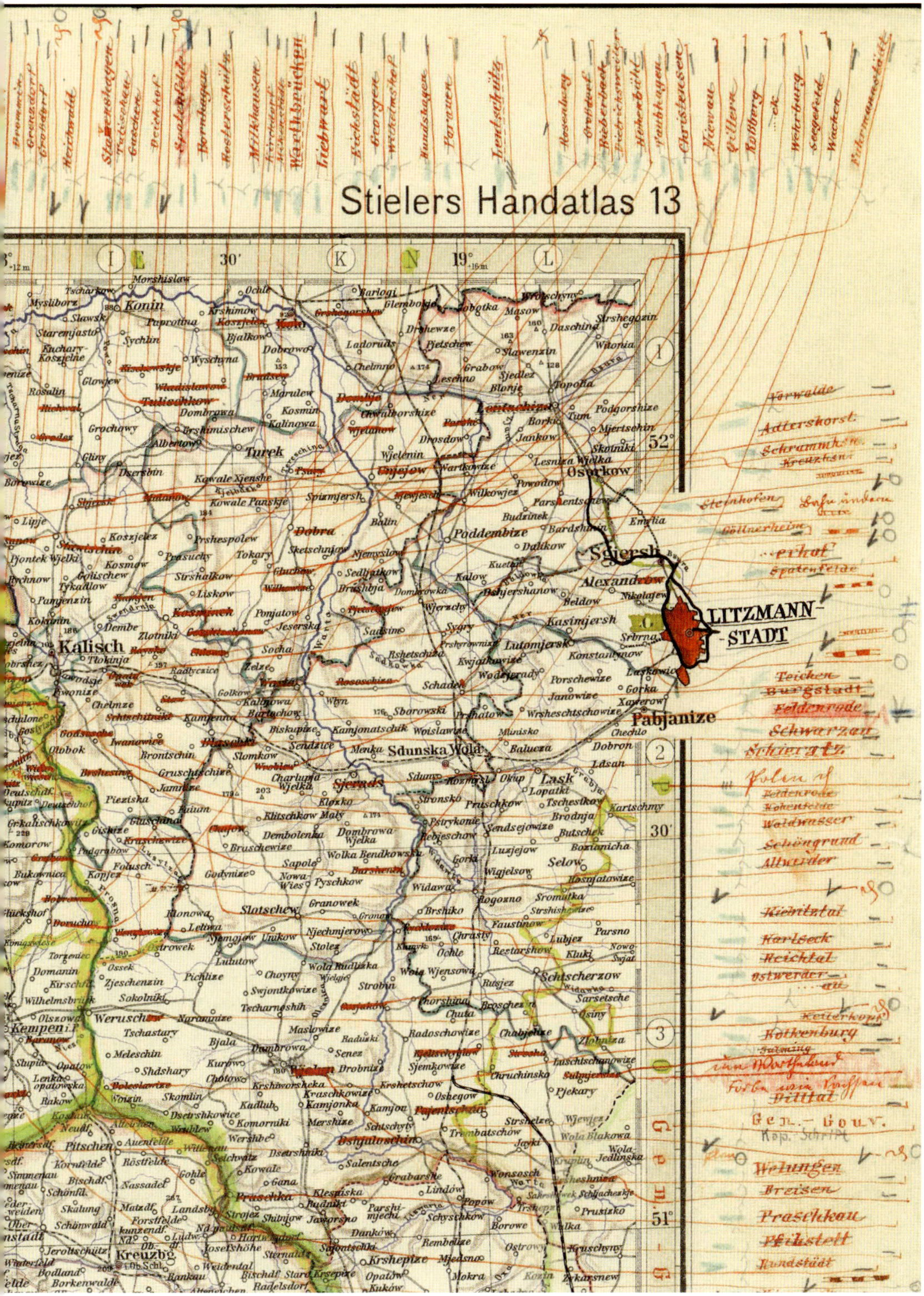

Abb. 4: Schlesienkarte mit Korrekturen vom 17. Dezember 1941, Stielers Hand-Atlas Nr. 13, 10. Aufl., Gotha 1941.

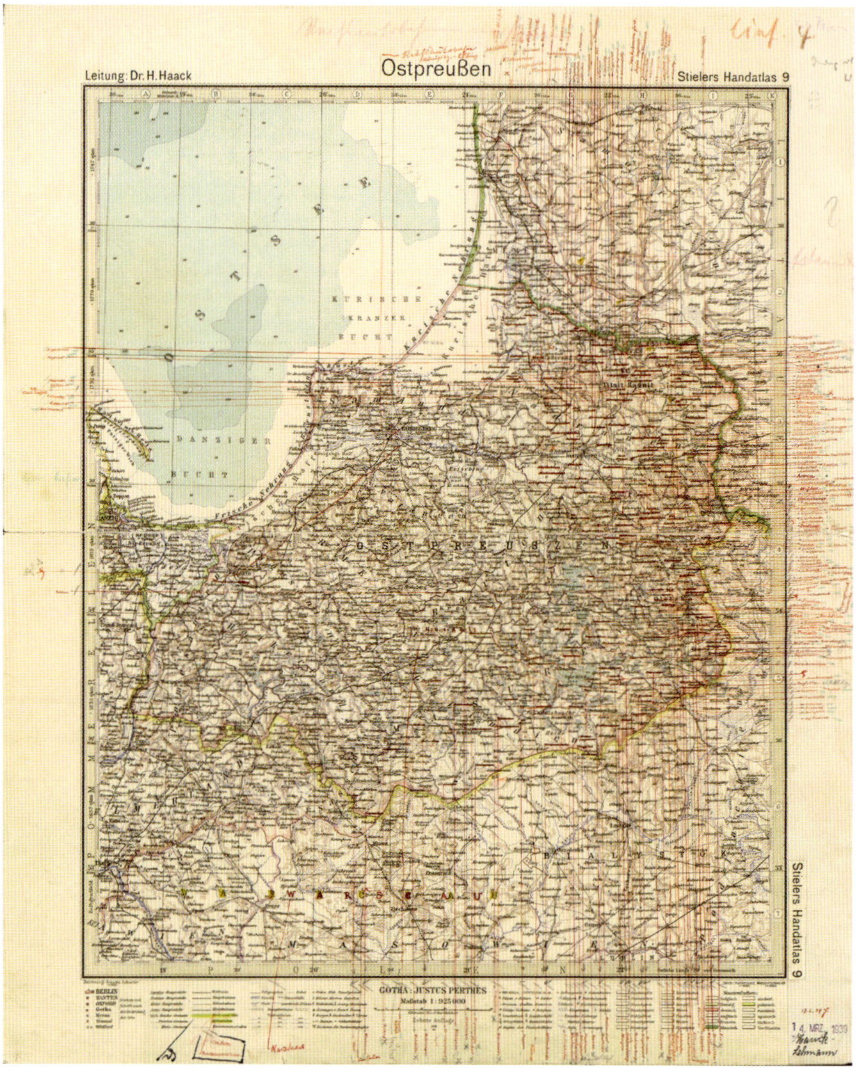

Abb. 5: Ostpreußenkarte mit Korrekturen vom 13. März 1939, Stielers Hand-Atlas Nr. 9, 10. Aufl., Gotha 1936.

ideologiekritisch motivierte Forschung zur Kartografie daher betont, dass Karten unser Verständnis von der Welt zuallererst entwerfen und nachdrücklich prägen und gewiss keine neutralen Instrumente einer mimetischen Erdbeschreibung sind. Karten geben den Rahmen vor, an dem der Blick auf die Welt überhaupt ausgerichtet werden kann.[3] Lässt sich also im Rotstift des Kartografen ein wirkungsmächtiges Instrument zur Modellierung, aber auch zur Korrektur unserer Weltvorstellungen erkennen, so sollten ideologiekritische Untersuchungen nicht bei der Betrachtung des fertigen Kartenbildes stehen bleiben, sondern ihren Blick, wo immer dies möglich ist, vielmehr auf die Kulturtechnik und damit den Prozess des Entwerfens, Zeichnens, Stechens und Revidierens von Karten erweitern.

Es gehört in diesem Zusammenhang zu den Glücksfällen der historischen Überlieferung, dass sich der Nachlass des Verlagshauses Perthes trotz einer wechselvollen Geschichte in seiner Gesamtheit erhalten hat, erlaubt doch gerade ein solcher Blick ins Archiv, die gedruckte Karte nicht allein als publiziertes Ergebnis, sondern auch in ihren Entstehungsphasen minutiös zu verfolgen. Der Reichtum der Sammlung Perthes verdankt sich dabei nicht allein der aufwendigen Produktion des „Stieler"; zwischen 1855 und 2004 erschien in Gotha darüber hinaus in insgesamt 149 Jahrgängen das wohl wichtigste geografische Periodikum: *Petermanns Geographische Mitteilungen* (PGM). 2003 mit Mitteln der Kulturstiftung der Länder durch den Freistaat Thüringen erworben, wird diese Sammlung mit ca. 200.000 Karten, etwa 800 laufenden Metern Archivalien sowie einer Spezialbibliothek mit mehr als 120.000 Bänden (davon ca. 2.700 Atlanten) an der Universitäts- und Forschungsbibliothek Erfurt/Gotha aufbewahrt, aufwendig konservatorisch betreut und ersterschlossen.[4] Die hier reproduzierten Tafeln sind daher nicht mehr als winzige Stichproben aus einer Sammlung, die nach Abschluss ihrer Aufarbeitung eine der größten Forschungsstätten zur Geschichte der modernen Geografie und Kartografie sein wird und neue Einblicke in die Entwicklung kartografischer Medien verspricht.

So war zwar bislang bekannt, dass die Produktion des Perthes-Verlages tatsächlich erst mit der Besetzung Gothas durch US-amerikanische Truppen am 2. April 1945 endgültig zum Stillstand kam. Dennoch erstaunt das geradezu tagesaktuelle Verhältnis, das die Gothaer Kartografen ganz offenbar bis kurz vor Ende des Krieges gegenüber ihren Kartenblättern einnahmen. Mehrfach musste etwa auf der großen Deutschlandkarte (Abb. 3) der Verlauf der Ostgrenze neu gezogen und mussten ältere Überarbeitungsstufen immer wieder zurückgenommen werden. Die mit gewaltsamen Mitteln geführte Tagespolitik scheint in Gotha aufmerksame Protokollanten gefunden zu haben und stieß, wie der östliche Rand der Karte überdeutlich ausstellt, schließlich an die Grenzen des Darstellbaren. Doch gibt sich der Wahnsinn des militärischen Geschehens insbesondere in einer Reihe von Ausschnittskarten zu erkennen, die seit 1939 den Bearbeitern von *Stielers Hand-Atlas* vorlagen (Abb. 4 und 5). Diese Blätter sind derart klaustrophobisch mit dünnen roten Tintenlinien besiedelt und wurden dabei mit den nunmehr gültigen deutschen Ortsnamen versehen, dass sie vor den Augen eines heutigen Betrachters zu einem Kartenbild von gewiss unfreiwilliger, aber um so eindrücklicherer historischer wie symbolischer Kraft aufsteigen.

Steffen Siegel, Petra Weigel

1 Thomas Nipperdey: Deutsche Geschichte 1800–1866. Bürgerwelt und starker Staat, München 1983, S. 11.

2 Zu Geschichte und bibliografischen Einzelheiten siehe ausführlich Jürgen Espenhorst: Andree, Stieler, Meyer & Co. Handatlanten des deutschen Sprachraums (1800–1945) nebst Vorläufern und Abkömmlingen im In- und Ausland. Bibliographisches Handbuch, Schwerte 1994, S. 44–157. Jürgen Espenhorst: Petermann's Planet. A Guide to German Handatlases and Their Siblings Throughout the World 1800–1950, Bd. 1: The Great Handatlases, Schwerte 2003, S. 178–449.

3 Siehe hierfür stellvertretend J.B. Harley: Deconstructing the Map. In: Ders.: The New Nature of Maps. Essays in the History of Cartography, Baltimore/London 2001, S. 149–168.

4 www.bibliothek.uni-erfurt.de/programm/slg_perthes.php www.perthes.de/geschichte_justus_perthes/index.html (Stand: 08/2008).

Bildbesprechung

Das Mittelmeer als Grenzdiskurs

Eine in der taz vom 29.8.2006 abgedruckte Karte zeigt Europa als einheitlich grau grundierte Fläche, gegliedert durch die linear eingezeichneten Grenzen der europäischen Staaten (Abb. 1). Dabei heben sich die ans Mittelmeer angrenzenden Staaten Spanien, Italien und Griechenland sowie die gesamte Küstenlinie des europäischen Kontinents schwarz ab. Sie sind dadurch als diejenigen Länder gekennzeichnet, in denen die meisten Flüchtlinge aus Afrika ankommen („Haupteintrittsländer in die EU"). Kräftige, schwarze Pfeile markieren die Wege, welche die Migranten aus Westafrika, im unteren Teil der Abbildung eingezeichnet, über das Mittelmeer und den Atlantik nach Europa nehmen. Dabei sind Marokko, die Westsahara, Mauretanien, der Senegal und Mali, als die Länder, aus denen die meisten Flüchtlinge kommen, weiß gekennzeichnet. Besonders diese Farbsemantik, aber auch die Verwendung von Dynamik implizierenden, breit angelegten, schwarzen Pfeilen erwecken den Eindruck, dass es sich bei diesen Flüchtlingsrouten um invasorische Ströme handelt, wobei die Stärke der Farbe die Zahl von Flüchtlingen anzeigt. Der supranationale Raum „Europa", hier im Zentrum der Abbildung, wird somit zum Zielobjekt einer offensiven Migrationsbewegung aus Westafrika.

In dieser Kartendarstellung spiegelt sich einer der markantesten Widersprüche der aktuellen Grenzdiskussionen: Der Aufhebung von Grenzen innerhalb der EU steht die Aufrüstung der Außengrenzen der EU, besonders an deren südlichem Verlauf, entgegen. In dieser Diskussion, vor allem auch in den verschiedenen kartografischen (Re-) Produktionen dieses Konfliktes, wird ein kollektives Stereotyp reproduziert, in dessen Mittelpunkt der so genannte „Mittelmeerraum" als geopolitisches Konzept steht, welcher seinerseits die Grundlage für die Konstruktion des geopolitischen „Anderen" Europas – Afrika – ist. Der Blick auf diese Karte macht aber auch deutlich, dass supranationale Räume wie die EU oder (West-) Afrika weniger natürliche und homogene Einheiten als Imaginationen darstellen. Ein solches Verständnis setzt sich mit räumlichen Repräsentationen im Sinne von „Imagination als Signifikation" (Roland Barthes), „Imaginary Geographies" (Edward Said) bzw. „Geographical Imaginations" (Derek Gregory) auseinander. Es zeichnet nach, inwieweit verschiedene räumliche Repräsentationen, so zum Beispiel kartografische oder fotografische, kollektive Stereotype (re-) produzieren.[1] Der Ansatz der *Critical Geopolitics* arbeitet in diesem Zusammenhang heraus, wie unterschiedliche Formen der räumlichen Repräsentationen von Identitäts- und Ordnungsvorstellungen entstehen – wie geopolitisch und gesellschaftlich relevante Raum- und Grenzkonstruktionen durch textuelle und visuelle Repräsentationen produziert werden.[2] In diesem Kontext wird auch der Mittelmeerraum nicht als objektive Realität, sondern als geopolitisches Konzept verstanden, der über die Konstruktion eines verräumlichten Anderen funktioniert. Konkret bezogen auf die Landkarte als visuellen Text, der dekonstruiert werden kann, geht es um das Aufbrechen der vermeintlich unhintergehbaren Verbindung zwischen Realität (Welt) und Repräsentation (Karte). Nach Brian Harley hat das Dekonstruieren der Karte dabei auch eine machtkritische Funktion, die der Hinterfragung der „hinter" der Karte(nproduktion) stehenden hegemonialen Verhältnisse und gesellschaftlichen (Be-) Deutungsschablonen.[3]

Die im Zusammenhang mit der fortschreitenden europäischen Integration stehende Öffnung als auch Schließung europäischer Grenzen stellt prägnante Beispiele dominanter geopolitischer Diskurse dar. Das Schengener Abkommen gilt dabei als Symbol für den Abbau der Binnengrenzen und für ein grenzenloses Europa. Durch die zeitgleich vorgenommenen Änderungen im europäischen Asylrecht resultiert das Abkommen gleichwohl auch in einer „Festung Europa". Der fortschreitende Prozess der Europäisierung und die sich in diesem Rahmen vollziehende politische

Neu-Ordnung durch die EU-Integration werden somit von neu installierten Grenzregimen begleitet.
Seit dem Inkrafttreten des Vertrages über die Europäische Union 1993 und der Reduzierung der EU-Binnengrenzen auf ihre administrative Funktion finden Rhetoriken der Entgrenzung zunehmend Verbreitung. Und tatsächlich haben die EU-Binnengrenzen durch ihre Durchlässigkeit einige ihrer vermeintlich wesentlichen Charakteristika verloren, wie die Regulierung und Kontrolle der Bewegungen von Menschen, Gütern und Dienstleistungen. Gleichzeitig sind die EU-Außengrenzen als Abgrenzungen wirkmächtiger geworden – auch, oder gar insbesondere die, die sich nicht an klaren Linien (auf Landkarten, in der Landschaft etc.) festmachen lassen, wie die im Mittelmeer: Die südliche EU-Außengrenze zu Afrika, die vermeintlich „natürliche Grenze“ des Mittelmeeres, stellt ein gesellschaftliches und geopolitisches Ordnungsmuster dar, durch das ein „Europa ohne Grenzen“ auch zu einer „Festung Europa“ wird, deren Außengrenzen intensiv kontrolliert werden.
Diese Außengrenze – das Mittelmeer – hat sich seit der massiven Aufrüstung und Unüberwindbarkeit der einzigen Landgrenzen zwischen Europa und Afrika in den spanischen Exklaven Ceuta und Melilla sowie der permanenten Überwachung der nur 14 Kilometer breiten Straße von Gibraltar mit Radar, Schnellbooten und Hubschraubern wegen der hohen Anzahl toter Bootsflüchtlinge zum größten Wassergrab Europas entwickelt. Gleichzeitig haben sich die Fluchtwege von afrikanischen Migranten auf den Atlantik bzw. auf die Kanarischen Inseln als äußerste Ränder des EU-Territoriums verschoben und deutlich verlängert: Waren es von der Küste der Westsahara bis nach Fuerteventura nur gut 50 Seemeilen Seeweg gewesen, so hat sich durch die neuen Startpunkte in Mauretanien, Senegal oder gar Sierra Leone und das Ziel der westlich gelegenen Kanaren wie Teneriffa die Strecke auf bis zu 1.000 Seemeilen verlängert, einschließlich der Vervielfachung der damit verbundenen Gefahren. Diese liegen neben der Überfahrt in kleinen Holzbooten vor

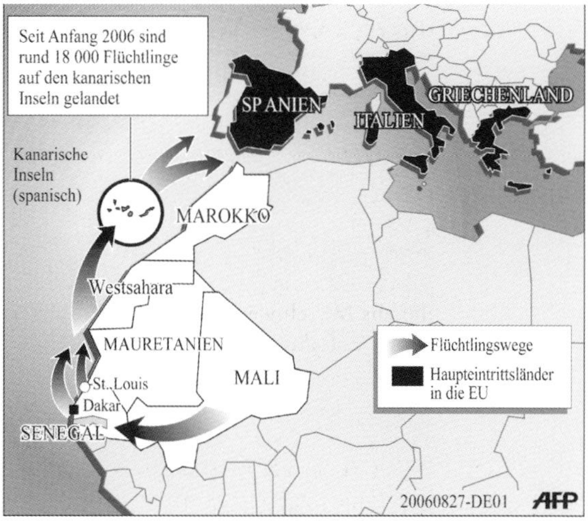

Abb. 1: Immigrationsziel Europa, taz vom 29. August 2006.

allem in den „Schnellen Eingreiftruppen“ der EU-Grenzschutzagentur Frontex, die seit Mai 2005 die Flüchtlingsabwehr durch systematische Luft- und Seeüberwachung und Abschneidung der Migrationsrouten zur Aufgabe haben.[4]
Durch die im Juli 2008 gegründete Union für das Mittelmeer, die neue Partnerschaft zwischen der EU und den südlichen und östlichen Mittelmeeranrainern, rückt „das Mittelmeer von neuem in das Zentrum der europäischen Geopolitik“ – so der EU-Kommissionspräsident Barroso.[5] Der französische Präsident und bis Ende 2008 auch EU-Ratspräsident Sarkozy kommentiert: „Der Zeitpunkt ist gekommen, an dem aus Nachbarn Partner werden müssen.“[6] Diese Partnerschaft wird prominent gelobt und der französische Außenminister Kouchner betont: „Ein Traum für 800 Millionen Menschen wird wahr.“ (Abb. 2) Diese vermeintliche Änderung der dominanten (Be-)Deutung des Mittelmeerraumes spielt auf die geplante Zusammenarbeit der Mittelmeerunion in den Bereichen Umweltschutz, wirtschaftliche Zusammenarbeit und verbesserte Migrationskontrollen an. Doch neben der gestärkten Rolle Frankreichs in dieser Union – als „Gegengewicht“ zu Berlin als geografischer, politischer und wirtschaftlicher Mitte der EU – kann die Mittelmeerunion auch als Instrument Sar-

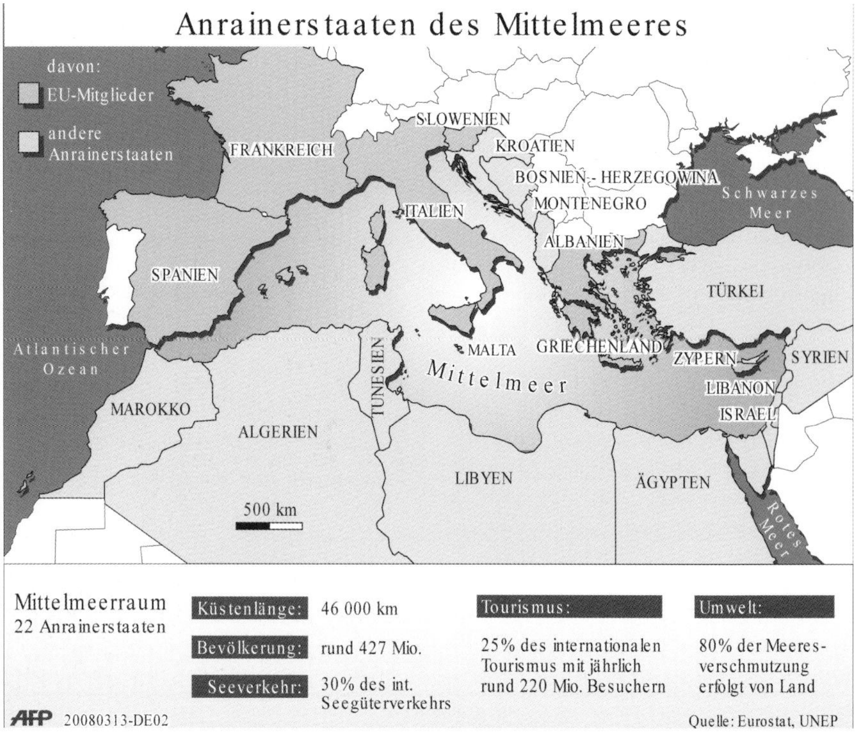

Abb. 2: Die Anrainerstaaten des Mittelmeeres, taz vom 14. Juli 2008.

kozys analysiert werden, „um Frankreich in der Mitte, den Südrand des Mittelmeers und Afrika unten sowie die unerwünschten Migranten draußen zu halten“.[7]
Es sind die letztgenannten Punkte, die in allen drei Abbildungen zum Tragen kommen: Der Schutz der EU vor afrikanischen Flüchtlingen, die durch die neue Zusammenarbeit innerhalb der Mittelmeerunion gar nicht mehr aus Afrika hinaus kommen. Afrikanerinnen und Afrikaner werden damit tatsächlich jenseits des Mittelmeeres und „unten“ gehalten – nicht nur im geografischen, sondern auch im politischen und wirtschaftlichen Sinne: „Das Flüchtlingsregime, in dem Staaten, suprastaatliche und nicht-staatliche Organisationen sowie die Massenmedien zusammenwirken, hält die Flüchtlinge mit allen, auch visuellen und narrativen Mitteln an ihrem Platz.“[8] Dieses Flüchtlingsregime ist wiederum untrennbar an das europäische Grenzregime zur Bekämpfung der irregulären Migration an den Außengrenzen der EU gebunden. Es handelt sich dabei um ein Grenzregime, das die Militarisierung der EU-Südgrenze durch Exterritorialisierung der Grenzsicherung und Verlagerung der Migrationsabwehr nach Afrika beinhaltet und zugleich nach innen einen „Raum der Freiheit, der Sicherheit und des Rechts“ schaffen soll, wie es im *Haager Programm* der EU von 2004 heißt. Nicht zuletzt ist damit auch die neue Mittelmeerunion weniger ein Zeichen der Grenzöffnung bzw. der Entgrenzung als ein Teil des sich verfestigenden geopolitischen Grenzdiskurses im Mittelmeerraum.
Die Rede vom Raum der Freiheit und Verschwinden von Grenzen ist jedoch grundsätzlich durch die wechselseitige Bedingtheit von Grenzöffnung und -schließung sowie die Ambivalenz von Eingrenzung einerseits und Ab- bzw. Ausgrenzung andererseits zweifelhaft: Eingrenzung rekurriert auf das Eigene, auf Zugehörigkeitsgefühl, Vertraut- und Geborgenheit. Abgrenzung hingegen verweist auf das Andere von „Drüben“ oder „Unten“ – und

diese Ambivalenz von Grenzen ist ein wichtiger, wenn auch selten bewusster Ordnungsrahmen, der als konstitutives Element von Identität fungiert (siehe Abb. 3). Denn Identitäten brauchen Grenzen als konstitutives Element – und Grenzen, räumliche wie soziale, funktionieren immer als Abgrenzungen, als Differenzierungen im Sinne einer Unterscheidung. Zugleich haben sie den Effekt der Homogenisierung dessen, was jeweils „dahinter" liegt: Sowohl das Ausgegrenzte als auch das Eingegrenzte werden als in sich homogene Gruppen konzipiert, die sich über die Unterscheidung konstituieren. Ein solches Prinzip der „Identität durch Differenz" versteht den Identifikationsprozess allgemein als Abgrenzungsprozess, der zur Konstruktion vom Wir, dem Eigenen, und Ihr, dem Anderen, dem Fremden, führt. Allerdings wird oft vergessen, dass Abgrenzungen nicht per se die Form von Ausgrenzungen annehmen müssen. Grenzen sind weder grundsätzlich böse oder schlecht noch überflüssig. Vielmehr werden sie zur Definition der eigenen Existenz und der entsprechenden Aktionsmöglichkeiten benötigt, aber auch, um diese immer wieder in Frage zu stellen, neu zu definieren und zu überschreiten.

Anke Strüver

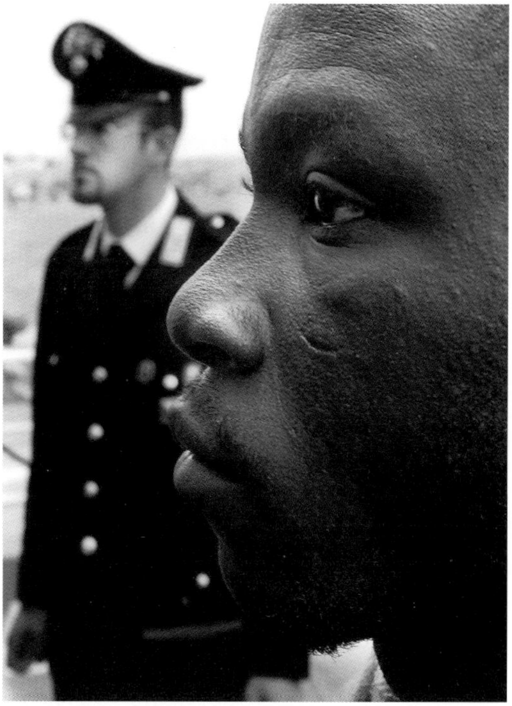

Abb. 3: Afrika schmiedet Europa zusammen, taz vom 23.11.2006, S. 9.

1 Roland Barthes: Empire of Signs, London 1982; Edward Said: Orientalism, New York 1978; Derek Gregory: Geographical Imaginations, Oxford 1994.

2 Das Konzept der Geopolitik, das die Bedeutung räumlicher Strukturen für politische Prozesse aufzeigt, entstand zu Beginn des 20. Jahrhunderts im Kontext internationaler geostrategischer Prozesse, wird aus repräsentationstheoretischer Perspektive jedoch zunehmend kritisch hinterfragt („critical geopolitics").

3 Brian Harley: The New Nature of Maps, Baltimore 2001.

4 Frontex ist abgeleitet von „frontière extérieure".

5 FAZ vom 14.7.2008, S. 2.

6 FAZ vom 14.7.2008, S. 1.

7 Bernard Schmid in der taz vom 15.7.2008, S. 12.

8 Tom Holert, Mark Terkessidis: Fliehkraft. Gesellschaft in Bewegung – von Migranten und Touristen, Köln 2006, S. 78.

Gerhard Scholtz

Differenzieren und Synthetisieren: Zwei Formen des Vergleichens in der Biologie

Die Hälfte seiner Zeit wendet der Geist auf die Entdeckung, dass das Unähnliche einander ähnlich und das Ähnliche einander unähnlich ist.

Paul Valéry

Der Vergleich

Vergleichen stellt eine zentrale Methode in der Biologie dar. Der Vergleich erweist sich dabei als eine überaus vielseitige Analysetechnik, die sowohl der Differenzierung und Trennung von Einheiten als auch zur Synthese von Gruppen führen kann. Das Ergebnis von Vergleichen kann also die Etablierung von Grenzen sein. Es ist aber ebenso möglich, mit Vergleichen Grenzen zu überwinden und zusammengehörende Gruppen zu begründen. Beide Aspekte können am Anfang als Absicht und als erklärtes Ziel des Vergleichens formuliert sein. Diese unterschiedlichen Ansätze werden im Folgenden als „differenzierender Vergleich" und als „synthetischer Vergleich" bezeichnet. Im ersten Fall werden Unterschiede zwischen den zu vergleichenden Objekten gesucht und betont, im zweiten Fall die Gemeinsamkeiten, das Ähnliche oder das Gleiche der Objekte. Beim differenzierenden Vergleich werden Einheiten voneinander getrennt und über die Abgrenzung zu anderen Einheiten bestimmt, mittels des synthetischen Vergleichs werden die untersuchten Einheiten zu Gruppen zusammengefasst. In Alltag und Wissenschaft wird ständig verglichen, beide erwähnten Prinzipien werden dabei angewandt. Dies geschieht teilweise auch bezogen auf die gleichen Gegenstände, was zu konträren Schlussfolgerungen und Bewertungen führt. Im Prinzip kann alles verglichen werden, selbst wenn das Gemeinsame, das *tertium comparationis* noch so gering oder oberflächlich ist (Abb. 1). Wie weit das Verbindende oder das Trennende geht, kann aber erst nach der vergleichenden Analyse ermittelt werden. Im Folgenden soll gezeigt werden, dass es Fälle gibt, in denen Unterschiede und Gemeinsamkeiten für die Analyse nicht als komplementäre Eigenschaften zu betrachten sind. Vielmehr wird in diesen Fällen eine der beiden Seiten weitgehend ausgeblendet, um eine bestimmte Fragestellung zu bearbeiten.

Das sprichwörtliche Gebot, „Äpfel nicht mit Birnen zu vergleichen", zielt eigentlich auf die falsche Gleichsetzung der beiden Früchte. Es ist richtig und unbestritten, dass Äpfel keine Birnen sind. Diese Unterscheidung bildet aber eigentlich erst die Schlussfolgerung eines vorangegangenen Vergleichs. Vergleichen bedeutet nämlich nicht automatisch gleichsetzen – dies wird häufig

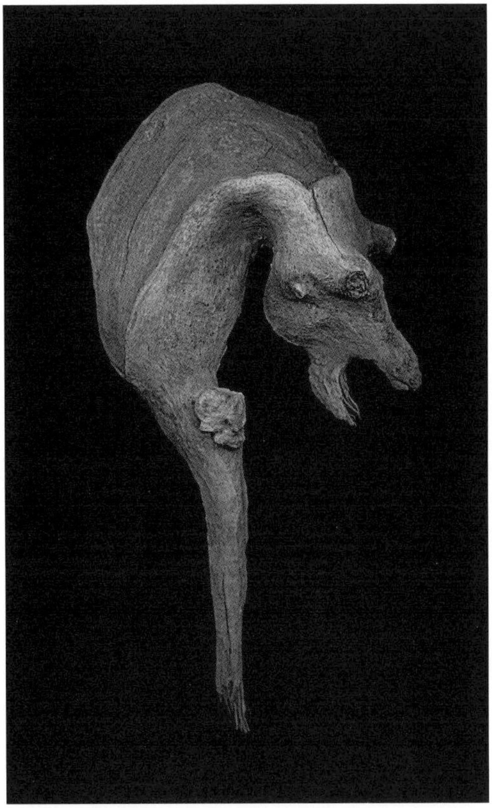

Abb. 1: Ein an einem Meeresstrand aufgesammeltes Stück Wurzelholz, das zu assoziativen Formvergleichen einlädt.

verwechselt. In der Biologie beispielsweise ist die Gegenüberstellung von Äpfeln mit Birnen durchaus sinnvoll, da es sich bei Äpfeln und Birnen um Früchte gleichen Typs (Kernobst) nahe verwandter Rosengewächse handelt, die mit entsprechenden Eigenschaften ausgestattet sind. Zahlreiche Merkmale von Äpfeln und Birnen, wie das Kerngehäuse, der Stiel, der Blütenrest etc., die Birnen und Äpfel in Abgrenzung zu anderen Früchten wie Ananas, Erdbeeren oder Avocados vereinen, belegen dies.

Wie das Beispiel zeigt, sind beim Vergleich immer der differenzierende und der synthetische Ansatz in gemischter Form präsent. Werden Unterschiede betont, gruppiert man gleichzeitig indirekt die Objekte, die diese Unterschiede *nicht* zeigen. Wenn im Gegensatz dazu die Gemeinsamkeiten gesucht werden, werden die Objekte ausgeschlossen, die diese Übereinstimmungen *nicht* teilen. Es macht daher einen entscheidenden Unterschied, welches Prinzip an den Anfang des Vergleichsprozesses gestellt wird, wie also die Gewichtung in Richtung Differenzierung oder Synthetisierung, das heißt Grenzziehung oder Grenzüberwindung, erfolgt.

In der biologischen Systematik spielen beide Prinzipien des Vergleichens eine bedeutende Rolle. Allerdings muss genau analysiert werden, an welcher Stelle und auf welcher Ebene das differenzierende oder synthetische Vergleichen als Methode benutzt wird.

Die Darstellungen verschiedener Krabbenpanzer (Carapaxe) sollen dies verdeutlichen. In Abbildung 2 sind sechs verschiedene Arten dargestellt (Abb. 2, Farbtafel 3).[1] Es handelt sich um Vertreter der echten Krabben (Brachyura) und zwar aus der Teilgruppe Seespinnen (Majoidea). Die Betrachtung der Bilder initiiert unmittelbar einen Vergleichsvorgang. Dabei werden Unterschiede und Übereinstimmungen zwischen den Objekten wahrgenommen. Diese führen

1 Ich danke Michael Türkay für wertvolle Hinweise bei der Bestimmung der Krabbenarten.

einerseits zu dem Schluss, dass jeder der dargestellten Panzer anders gestaltet ist. Andererseits können aufgrund gemeinsamer Eigenschaften Gruppen gebildet werden. Im Folgenden werden die unterschiedlichen Herangehensweisen der Taxonomie und der phylogenetischen Systematik ausgeführt.

Der differenzierende Vergleich in der Taxonomie

Organismische Individuen gehören in den meisten Fällen zu Reproduktionsgemeinschaften, die als Arten bezeichnet werden. Die geschlechtliche Fortpflanzung verbindet die Individuen einer Art auf genetischer Ebene und bildet damit deren Zusammenhalt. Diese Verwandtschaft ist die Basis dafür, dass Generalisierungen für die Art aufgrund von Beobachtungen einzelner Individuen möglich sind. Wäre dies nicht so, so wüsste ein Chirurg bei jeder neuen Operation nicht, ob ein Herz an der entsprechenden Stelle zu erwarten ist. Dazu kommen allerdings individuelle Unterschiede, welche die Generalisierungsmöglichkeiten wieder einschränken. Diese Mischung aus genetischem Zusammenhalt, Abgrenzung von anderen Fortpflanzungsgemeinschaften und individueller innerartlicher Variation macht aus Arten Einheiten der Evolution, die zugleich über eine gewisse Zeit stabil sind und die dennoch die Möglichkeit der evolutiven Veränderung in sich tragen. Jede Art ist anders, und um diese Vielfalt oder Diversität zu erfassen und um damit operieren zu können, müssen die einzelnen Arten erkannt, erfasst, unterschieden und benannt werden. Dies ist die Aufgabe der Taxonomie innerhalb der Systematik. Am zuverlässigsten wäre für die taxonomische Artidentifikation der Test, ob es sich um eine Fortpflanzungsgemeinschaft handelt oder ob eine Fortpflanzung zwischen verschiedenen Individuen nicht möglich ist. Es müssten also Kreuzungsexperimente durchgeführt werden, um zu sehen, ob Nachkommen produziert werden und ob diese wiederum fortpflanzungsfähig sind oder nicht.

Es ist offensichtlich, dass bei einer verschwindend geringen Anzahl der weit über eine Million heutzutage bekannten und beschriebenen Arten derartige Kreuzungsexperimente durchgeführt worden sind.[2] In der überwiegenden Zahl von Fällen sind daher Arten über sichtbare, morphologische Eigenschaften von anderen Arten abgegrenzt worden. Dies ist wegen der oben genannten Generalisierungsmöglichkeiten sowie der genetischen Isolation zwischen Arten

2 Dabei ergibt sich die Schwierigkeit, dass nicht erfolgreiche Kreuzungsexperimente nicht notwendigerweise auf das Vorliegen verschiedener Arten hindeuten müssen. Es ist immer schwierig, einen negativen Beweis zu führen.

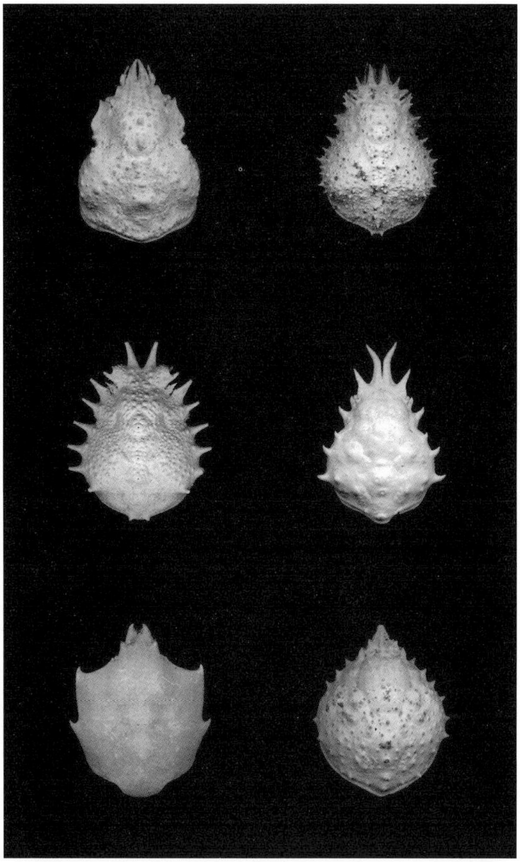

Abb. 2: Die Panzer von verschiedenen Arten der Seespinnen (Crustacea, Brachyura, Majoidea). Linke Seite von oben nach unten: *Hyas coarctatus* (Leach, 1815), *Maja crispata* (Risso, 1827), *Pugettia productus* (Randall, 1840). Rechte Seite von oben nach unten: *Leptomithrax* spec., *Pisa tetraodon* (Pennant, 1777), *Libinia emarginata* (Leach, 1815).

ein legitimer Ansatz, gleichzeitig bilden dabei die innerartlichen Variationen und manchmal auftretenden großen Übereinstimungen zwischen zwei Arten (Zwillingsarten) mögliche Fehlerquellen. Man muss sich also klar machen, welche weitreichenden Vorhersagen in der Taxonomie auf der Basis eines manchmal sogar nur bruchstückhaften Individuums getroffen werden.

Bei der Betrachtung der Krabbenpanzer (Abb. 2, Farbtafel 3) werden bereits auf den ersten Blick Unterschiede in der äußeren Form und der Ornamentierung mit Stacheln erkennbar, die auf das Vorliegen verschiedener Arten hindeuten. Wird ein derartiges Exemplar gefunden, das ungewohnt erscheint oder aus einer bisher nicht gut untersuchten geografischen Region stammt, dann wird dieser Fund mit den Krabbenpanzern bekannter und beschriebener Arten im Hinblick auf die aus Tradition und Erfahrung genutzten Merkmale und Strukturen, wie zum Beispiel Dornenanordnung, Gestalt oder speziellere Muster, verglichen. Wird dabei festgestellt, dass die betrachteten Merkmalsausprägungen sich von entsprechenden Strukturen bei anderen Seespinnenarten unterscheiden, wird auf eine neue, bisher nicht beschriebene Art geschlossen. Dazu werden die andersgearteten Merkmale als Charakteristika für die Bestimmung dieser Art benutzt. Bezeichnenderweise spielen Gesamtähnlichkeiten eine eher untergeordnete Rolle; Artmerkmale können sehr subtil sein. Innerartliche Variabilitäten, Ontogenesestadien, Geschlechtsunterschiede oder Fehlentwicklungen müssen berücksichtigt werden, um diese gegen die Annahme einer bislang unbeschriebenen Art abzuwägen. Außerdem sollte gewährleistet sein, dass es sich bei den zu berücksichtigenden Strukturen um genetisch bedingte und vererbbare Merkmale handelt. Dieses Verfahren entspricht dem Prinzip, das oben als differenzierender Vergleich eingeführt wurde. Die neu entdeckte Art wird auf der Basis der Unterschiede zu bekannten und beschriebenen Arten, das heißt in Abgrenzung zu anderen Arten, etabliert.

Fazit: In der Taxonomie wird primär mit Unterschieden gearbeitet. Durch das differenzierende Vergleichen werden Arten gegeneinander abgegrenzt.[3] Dabei ist es gleichgültig, ob es sich bei den verglichenen Strukturen um evolutive Neuerungen oder um evolutiv sehr alte Merkmale handelt. Insgesamt funktioniert dieses Verfahren also unabhängig von einem evolutiven Bezugsrahmen. Es werden mit dieser Herangehensweise lediglich spezifische diagnostische Merkmale, also Kriterien und Definitionen erarbeitet. Wenn eine Struktur in charakteristischer Ausprägung vorhanden ist, dann liegt eine bestimmte Art vor. Fehlt die Struktur oder ihre spezifische Charakteristik, handelt es sich nicht um einen Vertreter dieser Art. Durch dieses Verfahren von Grenzziehungen zwischen Arten werden kleinste Einheiten für weitergehende systematische Analysen geschaffen. Diese Einheiten stehen ohne Beziehung zueinander auf der gleichen Hierarchieebene nebeneinander.

Der synthetische Vergleich in der phylogenetischen Systematik

Bei der phylogenetischen Analyse, der Systematisierung beziehungsweise Gruppenbildung von Arten nach dem genealogischen Prinzip, steht im Gegensatz zur taxonomischen Arbeit das synthetische Vergleichen im Vordergrund. Dabei geht es um die Suche nach Gemeinsamkeiten zwischen Individuen, die Arten oder Artengruppen repräsentieren.

Im Sinne der Evolutionstheorie kann davon ausgegangen werden, dass alle Arten in einem abgestuften Verwandtschaftsverhältnis zueinander stehen. Dieses entsteht durch die Abfolge von Artspaltungen, das heißt der Unterteilung einer Fortpflanzungsgemeinschaft in zwei voneinander isolierte Fortpflanzungsgemeinschaften oder Tochterarten, die nach der Aufspaltung jeweils ein eigenes historisch-evolutives Schicksal durchleben. Verwandtschaft ist hier also genealogisch gemeint: Zwei Arten sind dann näher untereinander verwandt als

3 In der Taxonomie spielt natürlich auch der synthetische Vergleich eine Rolle, und zwar dann, wenn Individuen aufgrund gemeinsamer Merkmale einer Art zugeordnet werden. Hier wird ebenso eine genealogische Zusammengehörigkeit erschlossen, nämlich die der Fortpflanzungsgemeinschaft. Allerdings ist diese Vorgehensweise naturgemäß der Beschreibung einer (neuen) Art nachgeordnet und trifft auch nicht den Kern taxonomischen Arbeitens.

mit einer dritten, wenn sie einen letzten gemeinsamen Vorfahren (Stammart) besitzen, der nach der Abspaltung der Linie der dritten Art existiert hat. Da es sich bei der sukzessiven Artaufspaltung um einen Prozess in der Vergangenheit handelt, gibt es keine direkte oder experimentelle Methode der Analyse; allein gegenwärtige Strukturen können als historisch bedingte Dokumente zur Rekonstruktion dieser Vergangenheit verwendet werden.[4] Liegen Übereinstimmungen zwischen den Repräsentanten von Arten oder Artgruppen vor, so dienen sie als Ausweis für einen gemeinsamen evolutiven Ursprung, die Herkunft von einer Stammart. Dahinter steckt die Idee, dass die Bildung einer evolutiven Linie durch die Ausbildung neuer Merkmale begleitet wird, die dann an die durch weitere Artaufspaltungen entstehenden evolutiven Teillinien weitergegeben werden. Der interessante Aspekt dabei ist, dass die Gesamtähnlichkeit einerseits beibehalten werden kann, obwohl einzelne Strukturen schon eine evolutive Abwandlung erfahren haben. So sind beispielsweise Krokodile mit Vögeln aufgrund gemeinsamer evolutiver Neuerungen näher verwandt als mit Eidechsen, obwohl Krokodile und Eidechsen habituell und physiologisch mehr Gemeinsamkeiten teilen. Dabei handelt sich aber um evolutiv relativ ursprüngliche Merkmale. Andererseits kann die Gesamtgestalt innerhalb einer begründet zusammengehörigen Gruppe in einzelnen Teilgruppen weitgehend abgewandelt werden. Schlangen gehören ebenso eindeutig zu den vierfüßigen Landwirbeltieren (Tetrapoda) wie Krokodile, Vögel oder Menschen, obwohl sie keine zwei Extremitätenpaare mit charakteristischem Bau aufweisen.[5] Beide Phänomene machen deutlich, dass Unterschiede bei der synthetischen Betrachtung keine Rolle spielen – es zählen ausschließlich Gemeinsamkeiten. Diese allerdings nur, wenn sie drei Voraussetzungen erfüllen: Sie müssen genetisch bedingt und vererbbar sein, sie dürfen nicht durch unabhängige Anpassungsprozesse ähnlich geworden sein und sie müssen als relative evolutive Neuerungen

4 Auf die Bedeutung von Fossilien kann hier nicht näher eingegangen werden. Allerdings muss dem verbreiteten Irrtum entgegengetreten werden, dass die Evolution der Organismen direkt von Fossilfunden ableitbar ist. Fossilien müssen, wie rezente Organismen auch, verglichen und im Hinblick auf ihre Strukturen und Merkmale interpretiert werden. Fossile Formen, die keine Beziehung zu irgendeiner lebenden Organismengruppe erkennen lassen, sind für die Evolutionsbiologie bedeutungslos.

5 Diese Schlussfolgerung ist nur möglich, wenn aufgrund anderer Merkmale eine phylogenetische Position der Schlangen innerhalb der Tetrapoda (genauer in der Nähe der Eidechsen) begründet werden kann. Gleichzeitig wird damit deutlich, dass Schlangen ihre Extremitäten reduziert haben müssen, also von einem Vorfahren mit vier Beinen abstammen.

interpretiert werden können, denn nur diese können für die Ermittlung des Verwandtschaftsgrades verwendet werden. Ohne die Methoden zur Bestimmung dieser Voraussetzungen hier im Detail diskutieren zu können: Es geht dabei grundsätzlich um den Komplexitätsgrad der Übereinstimmungen und um das Auftreten entsprechender Strukturen in anderen Arten beziehungsweise Artengruppen.

Die bereits besprochene Darstellung der Panzer verschiedener Krebstiere kann wiederum als Beispiel für den synthetischen Vergleich dienen (Abb. 2, Farbtafel 3). Bereits bei der ersten Betrachtung fällt auf, dass anhand von gemeinsam auftretenden Strukturen und Mustern Gruppen gebildet werden können, die möglicherweise auf einen gemeinsamen genealogischen Ursprung, eine nähere Verwandtschaft zurückgeführt werden können. Beispielsweise könnten jeweils die dreieckig geformten Panzer oder diejenigen, die zwei Stacheln am Vorderrand haben, oder die Individuen, deren Rand mit einer Reihe von Dornen versehen ist, gruppiert werden. Allerdings muss in einem zweiten Schritt geklärt werden, ob es sich dabei um evolutive Neuerungen handelt und ob die Strukturen auf eine Stammart zurückgeführt werden können. Außerdem muss natürlich noch gezeigt werden, dass alle dargestellten Arten von einem letzten gemeinsamen Vorfahren abstammen.

Zu betonen ist, dass nicht alle diese Fragen für die Seespinnenverwandtschaft aufgeklärt sind. Die gemeinsame Abstammung lässt sich allerdings mit Mustern der Larvalentwicklung und kleineren Merkmalen der Antennen, die auf dieser Darstellung nicht zu sehen sind, gut begründen. Vieles spricht dafür, dass die Majoidea ursprünglich einen dreieckigen oder birnenförmigen Carapax hatten. Auch die unten links dargestellte Art *Pugettia productus* gehört eindeutig zu den Majoidea, obwohl sie eine andere, eher quadratische Form zeigt. Diese andere Gestalt ist innerhalb der Seespinnen als evolutive Neuerung aufzufassen: Sie gilt für eine Teilgruppe mit mehreren Arten. Anders als bei der taxonomischen Ebene wird dieser Unterschied nicht benutzt, um *Pugettia productus* von den anderen Gruppen abzugrenzen und aus den Majoidea herauszunehmen; entscheidend ist vielmehr, welche der anderen (dreieckigen) Seespinnengruppen die am nächsten verwandte Gruppe, die sogenannte Schwestergruppe zu den quadratischen Seespinnen, bildet.[6] Es geht in der phylogenetischen Systematik

6 In dem hier gezeigten Beispiel sind dies die dreieckigen Arten *Pisa tetraodon* und *Libinia emarginata*, wie morphologische und molekulare Studien zeigen. Dies ist umso erstaunlicher, betrachtet man die habituellen Bestimmungen insbesondere von *Pisa tetraodon* und *Maja crispata*.

eben nicht darum, durch Betonung von Differenzen die Nicht-Zusammengehörigkeit zu zeigen. Da die Gestalt von Lebewesen geschichtlich bedingt ist, besteht gerade auch die Möglichkeit der extremen Abwandlung einzelner Linien, ohne dass damit deren genealogische Beziehung zu den mehr konservativ gebliebenen Linien tangiert wird. Dies demonstriert, warum beim synthetischen Vergleichen, d. h. bei der Gruppenbildung in der phylogenetischen Systematik Unterschiede irrelevant sind.

Fazit: Die phylogenetische Systematik arbeitet mit Übereinstimmungen zwischen Arten. Dieser synthetische Vergleich funktioniert nur unter der Voraussetzung der Evolution, dem geschichtlichen Werden aller Arten, Artengruppen und ihrer Strukturen. Dabei müssen die Gemeinsamkeiten evolutive Neuerungen darstellen, um eine nähere Verwandtschaft zwischen Arten oder Artengruppen zu begründen. Es geht nicht um Kriterien, da eine genealogisch zusammengehörende Gruppe nicht durch ähnliche Merkmale definiert ist. Wenn ein Merkmal nicht vorhanden oder anders ausgeprägt ist, wird nicht notwendigerweise die Gruppenzugehörigkeit falsifiziert. Übereinstimmende Strukturen führen umgekehrt nicht automatisch zur Annahme einer näheren Verwandtschaft, da sie erst in Hinblick auf ihre relative evolutive Neuheit analysiert werden müssen. Durch synthetisches Vergleichen werden genealogisch-historische Beziehungen zwischen den Merkmalen und Organismen aufgedeckt. Es entsteht ein hierarchisch-enkaptisches System abgestufter genealogischer Zusammenhänge.

Die Bedeutung vergleichender visueller Analysen in der Biologie

Differenzierung und Synthetisierung sind zwei unterschiedliche Strategien des analytischen Vergleichs in der biologischen Systematik. Das Verhältnis dieser beiden Strategien zueinander ist durch einen Wechsel des methodischen Ansatzes charakterisiert. Auf der Artebene spielt das differenzierende Vergleichen unter Betonung von Unterschieden die Rolle der Etablierung von abgegrenzten Einheiten. Auf den Ebenen darüber werden aus diesen Einheiten durch synthetisches Vergleichen unter Betonung von Gemeinsamkeiten genealogisch zusammengehörende Gruppen gebildet. Eine Vermischung beider Ansätze muss dabei vermieden werden. Unterschiede falsifizieren nicht die Zugehörigkeit zu einer genealogischen Gruppierung.

Dieser Wechsel könnte ein generelles Prinzip bei der Bestimmung kleinster Einheiten und ihrer Zusammenfassung auf höherer Ebene in der Biologie darstellen. Die kleinsten Einheiten werden durch einen differenzierenden Vergleich bestimmt, die Bildung von Gruppen dieser Einheiten erfolgt durch einen synthetischen Vergleich.

Die Feststellung der Andersartigkeit durch differenzierendes Vergleichen setzt die Merkmale und ihre Träger, die zu vergleichenden Objekte, in keine direkte evolutive Beziehung zueinander. Im Gegensatz dazu werden beim synthetischen Vergleichen die Ähnlichkeiten und Übereinstimmungen als Ausdruck einer genealogischen Zusammengehörigkeit interpretiert, das heißt, durch den Vergleich wird eine direkte historische Beziehung der Merkmale und ihrer Träger zueinander erschlossen. Das ist nicht für jede Ähnlichkeit der Fall, die zur Gruppenbildung durch synthetisches Vergleichen genutzt werden kann. Zwischen Mineralen mit gleicher Kristallstruktur existieren zum Beispiel keine genealogischen Beziehungen; die heutigen Diamanten gehen auf keinen Urdiamanten zurück. Hier wird von den Übereinstimmungen auf physikalisch-chemische Gesetzmäßigkeiten bei der Bildung von Kristallen geschlossen und nicht auf gemeinsame evolutive Herkunft. Dieser Unterschied ist Ausdruck der historischen Dimension lebender Objekte. Er betont damit eine Besonderheit der Biologie im Vergleich zu anderen Naturwissenschaften, die zugleich eine Nähe zu den Geisteswissenschaften erlaubt, die, wie beispielsweise Archäologie und Kunstgeschichte, ebenfalls strenge Methoden des Vergleichs entwickelt haben.

Mechthild Fend

Knochen und Kontur. Zur Körpergrenze in der Künstleranatomie des 19. Jahrhunderts

Seit der Renaissance haben Kunsttheorie und die institutionalisierte Kunstausbildung darauf beharrt, dass die genaue Kenntnis der Anatomie für die Darstellung des menschlichen Körpers unerlässlich ist. Obwohl die Frage, in welchem Verhältnis das Wissen um die innere Struktur und die Beobachtung und Darstellung der äußeren Form zueinander stehen sollten, immer wieder diskutiert wurde, spielt die Haut, das Organ, welches die äußere Grenze des Körpers bildet und die äußere Ansicht des Menschen bestimmt, in diesen Debatten erst seit dem beginnenden 19. Jahrhundert eine Rolle. Diese – visuelle wie diskursive – Aufmerksamkeit für das Grenzorgan Haut steht im Zusammenhang mit der Ausbildung neuer Kunst- und Körperideale um 1800.
In anatomischen Atlanten des 16. bis 18. Jahrhunderts wurde die Bildung von Knochen und Muskeln in der Regel durch Figuren präsentiert, die in Posen lebendiger Menschen auftreten. Skelette stehen in Kontrapost oder Schrittstellung, lehnen mit aufgestütztem Kopf auf Sarkophagen, und Muskelfiguren tragen aktiv zu ihrer anatomischen Entblößung und Zurschaustellung bei. Einen späten Höhepunkt dieser szenischen Anatomie bildet ein 1779 in Toulouse erschienener Atlas, der sich speziell an Künstler wendet: Jacques Gamelins *Nouveau recueil d'ostéologie et de myologie*. Neben Tafeln zur Knochen- und Muskellehre im engeren Sinn enthält der Atlas mehrfigurige Darstellungen, in denen Skelette in Kriegsszenen und andere düstere Schauplätze eingebunden sind und so als *Memento mori* fungieren. Aber auch viele der Einzelfiguren dienen weniger der anatomischen Instruktion, sondern demonstrieren vielmehr die Möglichkeiten einer künstlerischen Bearbeitung anatomischer Motive. Das Bild eines geflügelten Knochenmanns mit einer Zeichnung in der Hand, das unmittelbar hinter dem Titelblatt und dem Porträt des Autors platziert ist, gemahnt programmatisch an die Bedeutung der Anatomie für das Aktstudium und zugleich an die Vergänglichkeit (Abb. 1). In dieser Grafik schiebt sich das Skelett vor das Blatt mit der Studie nach dem lebenden Modell. Die beiden Figuren verweisen auf zwei Praktiken, die sich beim künstlerischen Studium des menschlichen Körpers ergänzen sollten, aber isoliert bleiben. Wenige Jahrzehnte später kamen die beiden Ansichten des Körpers in anatomischen Atlanten für Künstler jedoch zusammen: Die äußeren Umrisse einer Figur mit Haut und Fleisch werden fortan in den meisten Darstellungen um die Knochen und Muskeln gelegt (Abb. 2, Farbtafel 4).

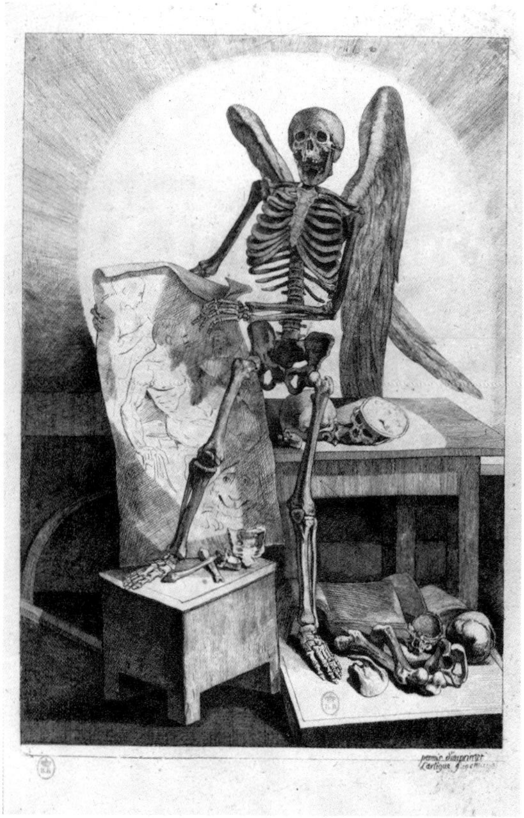

Abb. 1: Geflügelter Knochenmann. Kupferstich aus Jacques Gamelin, Nouveau recueil d'ostéologie, 1779.

Gamelins *Recueil* markierte einen Wendepunkt in der Geschichte der anatomischen Illustration, als sich Ende des 18. Jahrhunderts Künstleranatomien und anatomische Atlanten für Mediziner endgültig in verschiedene Richtungen entwickelten.[1] Im Verlauf dieses Prozesses veränderte sich sowohl das Formenvokabular der anatomischen Illustrationen für Ärzte als auch jenes der Künstleranatomien; beide prägten Varianten einer Ikonografie der Sachlichkeit aus, in der eine offensichtliche Vergänglichkeitssymbolik keine Rolle mehr spielte. Besonders in Publikationen zur Künstleranatomie setzte sich dabei eine Darstellungsform durch, in der den Knochen- und Muskelfiguren eine Umrisslinie verliehen wurde, so dass neben der anatomischen Struktur auch die Gestalt angegeben ist. Ausgehend von dieser Beobachtung stellt sich die Frage, warum zu diesem Zeitpunkt und in diesem speziellen Genre Grenzen gezogen wurden und welche Form des anatomischen Blicks mit dieser Darstellungsform einhergeht.

Ein prägnantes Beispiel für die neue Bedeutung der Kontur ist die *Anatomie du Gladiateur combattant* von Jean-Galbert Salvage (1772–1813).[2] Der Autor war Absolvent der berühmten medizinischen Fakultät von Montpellier, hatte als Chirurg die republikanische Armee begleitet und nach seiner Rückkehr 1796 in verschiedenen Pariser Hospitälern als Militärarzt gearbeitet.[3] Mit dem Wunsch, seine anatomischen Kenntnisse ebenfalls in den Dienst der Kunst zu stellen,

1 Benjamin A. Rifkin u. a.: Human Anatomy, Depicting the Body from the Renaissance to Today, London 2006, S. 219.

2 Jean-Galbert Salvage: Anatomie du Gladiateur combattant applicable aux beaux-arts, Paris 1812.

3 Matthias Duval, Èdouard Cuyer: Histoire de l'anatomie plastique. Les maitres, les livres et les écorchés, Paris 1898, S. 262–278.

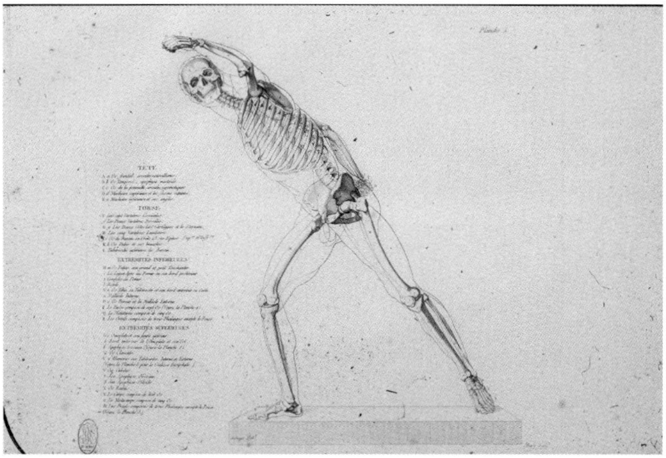

Abb. 2 : Skelett in der Pose des Borghesischen Fechters. Kupferstich von Bosq nach Jean-Galbert Salvage. Aus: Salvage: Anatomie du Gladiateur, 1812, Tafel 5.

nahm er seit dieser Zeit Zeichenunterricht, so dass er für seine Künstleranatomie nicht nur den Text verfassen, sondern auch die Illustrationen beisteuern konnte. Das Manuskript des 1812 gedruckten Werks war bereits Jahre zuvor fertiggestellt: 1804 reichte Salvage Vorankündigung, Manuskript und Zeichnungen bei der Classe des Arts des Institut de France ein. Das zuständige Komitee begrüßte die Studie uneingeschränkt, und in einem unter anderen von Jacques-Louis David und Jean-Antoine Houdon unterzeichneten Bericht wurde bemerkt, dass es niemals ein vergleichbar präzises Werk dieses Genres gegeben habe.[4] Die offiziell beglaubigte *Anatomie du Gladiateur* wurde damit zu einem kunstpolitisch markanten Produkt der Napoleon-Ära. Der französische Staat schaffte sie als Lehrbuch für die Kunstschulen an,[5] um das Werk damit zur kanonischen Künstleranatomie des frühen 19. Jahrhunderts zu befördern.

Salvages Künstleranatomie wies ein grundsätzlich anderes Formenvokabular auf als Gamelins anatomische Vergänglichkeitsszenen. Der Arzt verwendete eine antike Skulptur, den Borghesischen Fechter, um den Künstlern die Anatomie der Knochen und Muskeln nahe zu bringen. Diese Praxis an sich war nicht neu; berühmte Antiken wie der Laokoon oder der Apollo Belvedere, die in den Kunstakademien als Gipsabgüsse zur Verfügung standen, waren bereits früher für den Anatomieunterricht eingesetzt worden. Eines der ersten Anatomietraktate speziell für Künstler, die im Rahmen der französischen Akademie in Rom entstandene *Anatomia per uso et intelligenza de disegno* des Anatomen Bernardino Genga von 1691, war mit Écorchés nach Antiken illustriert.[6] Auch in der Académie des

4 Dorothy Johnson: Jacques-Louis David. Art in Metamorphosis, Princeton 1993, S. 156–159. Siehe auch den „Prospectus" für die „Anatomie du gladiateur combattant". In: Nouvelles des Arts, Bd. 4, 1804, S. 77: „Gladiateur anatomisé".

5 So Ludwig Choulant: Geschichte und Bibliographie der anatomischen Abbildung nach ihrer Beziehung auf anatomische Wissenschaft und bildende Kunst, Leipzig 1852, S. 158.

6 Duval, Cuyer (siehe Anm. 3), S. 158–162.

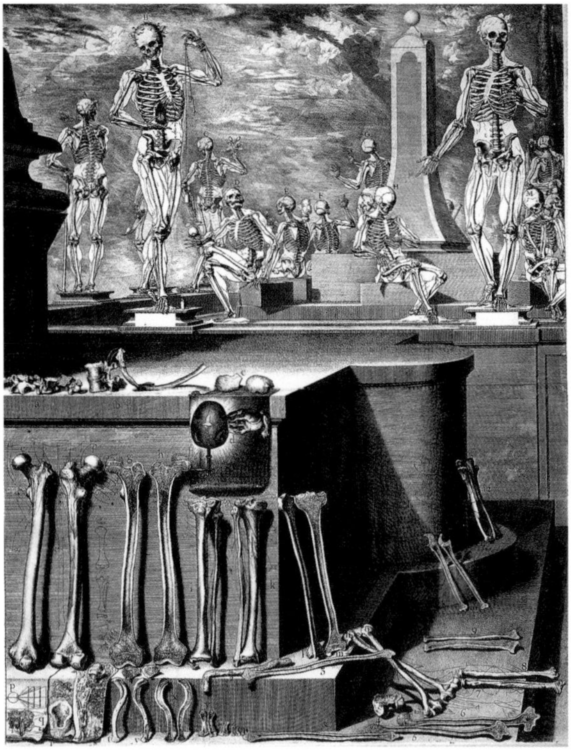

Abb. 3: Skelette vor Monumentalarchitektur, Kupferstich von Cristostomo Martinez, Paris, ca. 1689.

Beaux-Arts in Paris zeichneten die Schüler Skelette und Muskelfiguren nach Antiken.[7] Salvage nahm diese Praxis der imaginären Häutung der Skulpturen auf und setzte sie in seinem Atlas systematisch ein. Die Illustrationen zeigen entsprechend Skelette und Écorchés in der Pose des Borghesischen Fechters, wobei die präsentierten Knochen- und Muskelfiguren durch eine Umrisslinie zusammengehalten wurden.

Auch diese Darstellungsform erschien bei Salvage nicht zum ersten Mal. Crisostomo Martinez zum Beispiel verwendete sie in einem Ende des 17. Jahrhunderts gedruckten anatomischen Kupferstich, auf dem die Skelette weiß unterlegt sind, so dass sich die äußere Form von den Knochen und vom Hintergrund abhebt (Abb. 3). Auf diese Weise war nicht nur die Begrenzung der Figur markiert, sondern auch deren Durchsichtigkeit suggeriert: Die Figuren erscheinen wie gläserne Körper, deren Skelett von außen einsehbar ist.

Auch Edme Bouchardons *Anatomie nécessaire* von 1741 weist drei solcher transparent erscheinender Figuren auf. Die Künstleranatomien von Cornelis Ploos van Amstel und Johann Heinrich Lavater, deren Illustrationen größtenteils auf Albinus zurückgehen, verwenden zweifarbige Stiche, um verschiedene Schichten der Darstellung – wenngleich nicht sehr klar – voneinander abzuheben. In allen drei genannten Künstleranatomien des 18. Jahrhunderts geht es weniger um den Umriss der Figur denn um eine gleichzeitige Darstellung von Knochen und Muskeln, wobei die Aspekte einander in dem Geflecht von Linien durchdringen.[8]

7 Anthea Callen: The Body and Difference. Anatomy training at the Ecole des Beaux-Arts in Paris in later nineteenth century. In: Art History 20, 1997, S. 23–60, S. 34. Zur Künstleranatomie in Frankreich zuletzt: Figures du corps, hg. von Philippe Comar, Paris 2008.

8 Martial Guédron: De chair et de marbre. Imiter et exprimer le nu en France (1745–1815), Paris 2003, S. 80–84.

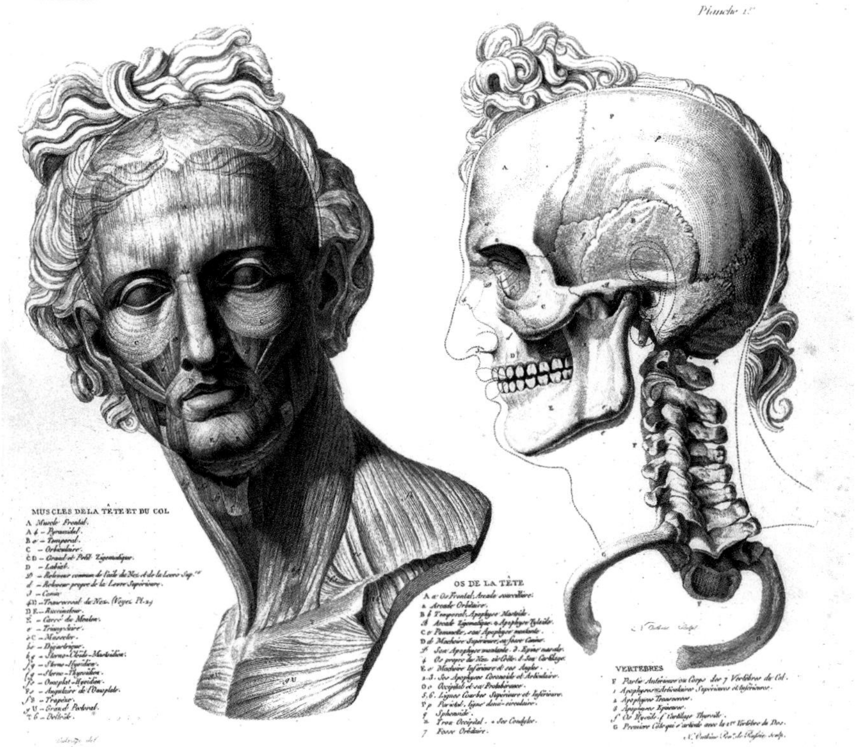

Abb. 4: Anatomisierter Apollokopf, Kupferstich von N. Outkine nach Jean-Galbert Salvage. Aus: Salvage: Anatomie du Gladiateur, 1812, Tafel 1.

Salvage hingegen trennt Körperumriss und Muskel- oder Knochenfigur klarer und systematischer. Und erst in der Nachfolge seines Atlasses wird diese Art, die äußere Gestalt der anatomischen Figur anzugeben und damit gleichzeitig eine Durchsichtigkeit des Körpers zu suggerieren, zu einem gängigen visuellen Topos der Künstleranatomien.

Salvage versuchte für seine anatomischen Darstellungen, die Muskeln und Knochen unter der Marmoroberfläche der antiken Skulptur zu lokalisieren. Um den Stein auf diese Weise zu strukturieren, musste er zunächst menschliche Körper in die Pose des antiken Athleten versetzen. Hierfür sezierte und häutete er Leichen zum Studium der äußeren Muskulatur und fertigte Abgüsse von derart präparierten Leichen in der Pose des Borghesischen Fechters an. Ergebnis dieser Arbeiten war unter anderem ein Écorché in der Pose des antiken Athleten, das sich in der Sammlung der École des Beaux-Arts befindet und für den Anatomieunterricht eingesetzt wurde.[9]

Die erste der insgesamt 22 Tafeln verwendete allerdings nicht den Fechter, sondern den Kopf des Apollo Belvedere (Abb. 4). Damit war einer Skulptur

9 Duval, Cuyer (siehe Anm. 3), S. 274–276.

Referenz erwiesen, die, ausgehend von Winckelmanns *Geschichte der Kunst des Altertums*, auch in Frankreich als Höhepunkt antiker Kunst galt. In Folge der napoleonischen Eroberung Italiens war sie nach Paris gebracht und – wie einige Jahre später auch der Borghesische Fechter – in dem neu gegründeten Musée national im Louvre ausgestellt worden.[10] Salvages anatomische Grafik zeigt den Apollokopf aus zwei Perspektiven, eine Frontalansicht zur Darstellung der Muskeln und eine seitliche Ansicht zur Illustration der Knochen. Die antike Skulptur bleibt dabei durch die Berücksichtigung der charakteristischen Frisur des Sonnengottes leicht als solche zu erkennen. Zudem sind die Gesichtszüge in der Frontalansicht weitgehend erhalten, und nicht an allen Stellen wirkt die Figur wie gehäutet; Augen, Nase und Mund wirken mit ihren glatten Oberflächen wie das Äußere der Skulptur. Dagegen markieren Schraffuren in unterschiedlich ausgerichteten Bündeln die Muskeln. Da diese Partien fast nahtlos ineinander übergehen, scheinen die Muskeln die Form des Gesichtes genau auszufüllen. Zumindest der Kopf des Apoll wird so auf eine Weise dargestellt, dass er transparent erscheint und den Blick auf die Muskeln erlaubt. Mit schwarzer Farbe sind die Partien gedruckt, die zwar Teil der Skulptur sind, aber offensichtlich nicht als Teil der Gestalt angesehen wurden: die Haare. Über die Frisur ist in roter Farbe ein mit leichten Schraffuren gefülltes und mit gestrichelter Kontur umfasstes Feld gelegt, das den unter dem Schopf liegenden Schädel markiert. In der rechten Darstellung sind dann der eigentliche Schädel sowie die Knochen des Kopfes und Halses gegeben. Erneut sind Apolls Haare auf den Schädel gesetzt, während eine rot gestrichelte Linie die Körperkontur definiert. Es geht also, im Sinne der zu jener Zeit aktuellen Physiognomik, derzufolge sich der Charakter einer Person – und sei es eines antiken Gottes – in der Schädelform manifestiere, nicht um die äußere Begrenzung der Skulptur, sondern um diejenige des Schädels.

Die fiktive Sektion des Apollo Belvedere ist im Kontext der neoklassizistischen Ästhetik, die nicht zuletzt für die Auswahl der Objekte verantwortlich war, ein zweischneidiges Projekt, hatte doch Winckelmann darauf beharrt, dass sich die Göttlichkeit und Schönheit des Apollo gerade in der Abwesenheit von Adern und Sehnen manifestiere.[11] Der Borghesische Fechter war in dieser Hinsicht das unproblematischere Modell, handelte es sich doch um einen sterblichen

10 Francis Haskell, Nicolas Penny: Taste and the Antique. The Lure of Classical Sculpture 1500–1900, New Haven/London 1981, S. 148–151 u. 221–224.

11 Johann Joachim Winckelmann: Geschichte der Kunst des Altertums, Dresden 1764, S. 392.

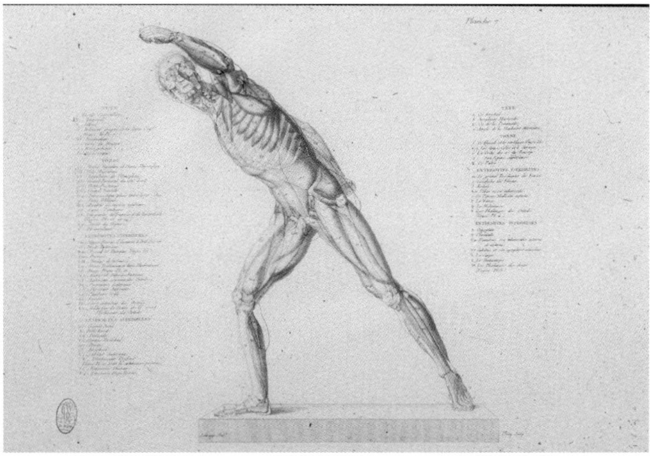

Abb. 5: Muskelfigur in der Pose des Borghesischen Fechters, Kupferstich von Bosq nach Jean-Galbert Salvage. Aus: Salvage: Anatomie du Gladiateur, 1812, Tafel 7.

Athleten oder Krieger, der überdies als muskulöse Figur in dynamischer Bewegung repräsentiert war. Für Winckelmann war die Statue das Musterbeispiel einer Darstellungsform, bei der die „Schönheiten der Natur [...] ohne Zusatz der Einbildung“ versammelt sind; auch im Sinne der spätklassizistischen Ästhetik eines Emeric-David erfüllte sie die Kriterien des beau réel, eines an der Naturbeobachtung geschulten Schönen.[12] Salvages Tafeln 5 bis 15 zeigen den Fechter in verschiedenen Perspektiven und anatomischen Schichten. Angeführt wird die Folge von einer Ansicht auf die Längsseite der Skulptur mit Durchblick auf das Skelett (Abb. 2, Farbtafel 4). Die Dynamik der Schrittstellung ist dabei bis in die leicht in Bewegungsrichtung gebogenen Oberschenkelknochen gedrungen. Das Bewegungsmotiv ist hier allein dadurch motiviert, dass es um die fiktive Anatomie des Borghesischen Fechters geht. Das vermittelt nicht allein die Pose, sondern wird stets auch dadurch erinnert, dass die Umrisse der Skulptur durch eine Kontur angegeben sind. Die beiden Aspekte der Darstellung sind wie beim Apollokopf durch farbliche Differenzierung – Knochen und Muskeln sind in schwarz, der Umriss in rotbrauner Farbe gedruckt – hervorgehoben. Damit ist auch die Tatsache, dass ein Skelett sich bewegt, neu begründet, und der Umriss funktioniert zunächst einmal wie eine Art visueller Konjunktiv. Die Sicht auf das Knochengerüst ist als eine fiktive markiert, als ein ‚als ob‘: So sähe der Borghesische Fechter aus, wenn er aus Haut und Knochen und nicht aus Marmor bestünde und die äußere Hülle überdies durchsichtig wäre. Die übernächste Tafel (Abb. 5, Farbtafel 5) stellt die untere Muskulatur. Das Skelett scheint an einzelnen Stellen durch und ist in Schwarz dargestellt, während die Muskeln rot darüber gelegt sind. In roter Strichellinie ist erneut die Form der Skulptur angegeben, die, wie die vorherige Tafel zur externen Muskulatur nahe legt, mit der Körpergrenze fast vollständig in eins fällt.

12 Winckelmann (siehe Anm. 11), S. 394, und Toussaint Bernard Emeric-David: Recherches sur l'art statuaire, Paris 1805, vor allem S. 336–354.

Neben dem Versuch, den Körper in Hinblick auf sein anatomisches Inneres transparent zu machen, hat die Kontur bei Salvage noch eine weitere Funktion. So wie sie beim Apollokopf weniger die Aufgabe hatte, die äußere Form der Skulptur, sondern die Gestalt des Schädels anzugeben, ist die Kontur bei den Darstellungen des Borghesischen Fechters visuelles Zeichen der Körpergrenze. Eine solche Verbindung zwischen Kontur und Körpergrenze wurde gerade in der Ästhetik und Körperkultur des Neoklassizismus gezogen. Der idealschöne Körper der Zeit kann als ästhetisches Äquivalent eines bürgerlichen Körpers in geschlossenen Grenzen angesehen werden. Gleichzeitig wurde die Gestalt aufgeladen als Hülle und Behälter des Selbst, als Kontur einer Identität in festen Grenzen.[13]
Die *Anatomie du Gladiateur* führt nicht nur systematisch die Kontur als Begrenzung der Muskel- und Knochenfiguren ein, sie ist offenbar auch die erste Künstleranatomie, die sich im Text ausführlich der Haut zuwendet. In einem Abschnitt zu den menschlichen Rassen sind die Hautfarben schematisch differenziert, während ein Kapitel zu den Auswirkungen der Temperamente auf den Teint („complexion") sich den subtileren Tönungen zuwendet. Vor allem aber schenkt Salvage seine Aufmerksamkeit der formbildenden Funktion der Haut und ihrer Rolle als Körpergrenze. Er diskutiert sie als Hülle und Organ und bewegt sich dabei auf dem damals aktuellen Kenntnisstand der Medizin. Seine Bemerkungen zu den Integumenten stellen im Wesentlichen eine knappe Zusammenfassung des Kapitels zur Haut in Xavier Bichats *Anatomie générale* von 1801 dar. Bichat, der heute als einer der Begründer der modernen Histologie gilt, hatte in seiner *Anatomie* verschiedene Körperteile in ihrer je charakteristischen Gewebestruktur beschrieben. Zu den 21 differenzierten Systemen zählte unter anderen das *système dermoïde* und *épidermoïde*. Dabei definierte er die Haut ganz explizit als eine Grenze, eine *limite-sensitive*, die, Sinnesorgan und schützende Hülle zugleich, den Austausch zwischen dem lebenden Organismus und der ihn umgebenden Welt reguliert.[14]

13 Zu dieser körpergeschichtlichen Perspektive ausführlicher Irmela Krüger-Fürhoff: Der versehrte Körper. Revisionen des klassizistischen Schönheitsideals, Göttingen 2001, vor allem S. 9; Dorinda Outram: The Body and the French Revolution, New Haven/London 1989; und Mechthild Fend: Grenzen der Männlichkeit. Der Androgyn in der französischen Kunst und Kunsttheorie 1750–1830, Berlin 2003, vor allem S. 9 u. 34–43. Zur Geschichte des Begriffs des „Selbst" siehe Jan Goldstein: The Post-Revolutionary Self: Politics and Psyche in France, 1750–1850, Cambridge, Mass. 2005.

14 Xavier Bichat: Anatomie générale appliquée à la physiologie et à la médecine, Bd. IV, Paris 1801, S. 640. Siehe auch die deutsche Ausgabe: Allgemeine Anatomie, angewandt auf die Physiologie und Arzneywissenschaft. Aus dem Franz. von C. H. Pfaff, Leipzig 1802/03.

Salvage unterscheidet in seinem Text neben der Epidermis ebenfalls drei weitere Bestandteile der Haut: Lederhaut, netzförmige Haut und Papillen. Die Lederhaut beschreibt er als ein schwammartiges Gewebe, dessen Dicke je nach Körperregion variiert. Die Funktion dieses dicksten Bestandteiles der Haut sieht er darin, den Körper zu sichern und gegen äußere Einflüsse zu schützen.[15] Die netzförmige Haut bestimmt er, Marcello Malpighi folgend, als Sitz der Hautfarbe. Er charakterisiert sie zudem als den physiologischen Ort, an dem Emotionen zu Tage treten, da ein Kapillarsystem, das in bestimmten Situationen Blut aufnimmt, das Erröten und Erblassen des Gesichts ermögliche.[16] Die Papillen schließlich macht Salvage für die besondere Empfindsamkeit der Haut und damit für das Funktionieren des Tastsinns verantwortlich.
Im Anschluss an seine Ausführungen zur Epidermis widmet sich Salvage dem äußeren Erscheinungsbild der Haut, vor allem den Falten. Er differenziert dabei zwischen Furchen, die sich durch unter der Haut liegende Muskeln bilden, solchen, die auf die Bewegungen der Körperglieder zurückgehen, und schließlich den Altersrunzeln. Insbesondere den Falten, die sich aufgrund der Bewegungen der Gesichtsmuskeln bilden, schreibt er im Sinne der zeitgenössischen Physiognomik und mit Johann Caspar Lavater große Bedeutung als „sichere Indizien der Leidenschaften" zu.[17] Wie Bichat unterscheidet Salvage die organischen Bestandteile nochmals von den Hautschichten und behandelt Poren, Talgdrüsen, Zellgewebe und Blutgefäße. Schließlich widmet er sich den äußeren Extensionen der Haut (der Körperbehaarung, den Kopfhaaren, den Wimpern, dem Bart) und hebt die Bedeutung der Augenbrauen für die physiognomische Darstellung und Lektüre des Gesichts hervor.
Innerhalb des gesamten Kapitels zur Haut weicht Salvage nur an einer Stelle nennenswert von Bichat ab, und zwar bei der Behandlung des Zellgewebes. Er beschreibt das *tissu cellulaire* auch als *membrane adipeuse* und versteht dieses Gewebe als eine Schicht, welche die äußeren Formen des Körpers mitbestimmt: „Das fettige Zellgewebe füllt die Zwischenräume der Muskeln, hebt die Haut und

15 Salvage (siehe Anm. 2), S. 35; vgl. Bichat (siehe Anm. 14), S. 640–828, zum Chorion S. 646–656.

16 Salvage (siehe Anm. 2), S. 35; vgl. Bichat (siehe Anm. 14), S. 655–665.

17 Salvage (siehe Anm. 2), S. 36, mit Verweis auf Lavaters „Physiognomische Fragmente", die 1812 als „L'Art de connaître les hommes par la physionomie" bereits in mehrfacher Auflage in französischer Sprache erschienen waren. Zu den Gesichtsfalten als Ausdrucksträger der Leidenschaften auch Bichat (siehe Anm. 14), S. 641–644.

hält sie einheitlich. Es trägt zum angenehmen Aussehen der Körperteile bei, indem es ihnen die weichen und gerundeten Formen verleiht, durch die sich die Muskeln bei den Männern weich abzeichnen und durch die sie bei den Frauen und Kindern sozusagen ganz versteckt sind."[18] Er bestimmt die Funktion des Unterhautfettgewebes also in erster Linie als eine ästhetische und versteht die polsternde Schicht im Sinne des kunsttheoretischen Ideals der *mollesse* als ein organisches Element, das dem Körper seine weichen und einheitlichen Formen verleiht. Dieses in der neoklassizistischen Ästhetik weiterentwickelte Ideal geht auf die Qualität der *morbidezza* zurück, die in der italienischen Kunsttheorie seit der Renaissance als eine Eigenschaft lebensechter Fleischdarstellung bestimmt wurde.

Mit dem Fokus auf die Haut maß Salvage der Körpergrenze und den äußeren Formen des lebenden Körpers neue Bedeutung zu, gleichwohl beharrte er auf der Notwendigkeit der Sektion. Selbst Salvages anatomische Charakterisierung der Haut war – wie bei Bichat – neben vitalistischen Aspekten von den Erfahrungen an der Leiche und der Behandlung der Haut als totem Material geprägt.[19] In den im weiteren Verlauf des 19. Jahrhunderts erschienenen Künstleranatomien von Pierre-Nicolas Gerdy, Julien Fau und Paul Richer wurde dagegen die Auffassung vertreten, dass die Sektion von Leichen dem künstlerischen Studium des lebendigen menschlichen Körpers eher abträglich sei. Die Autoren betonten stattdessen die Notwendigkeit eines genauen Studiums der äußeren Körperformen und schulten eine durch ärztliche Vermittlung gelenkte Beobachtung, durch die es gelingen sollte, das anatomische Wissen auf die Oberfläche zu projizieren.[20] Die Haut behielt dabei die ästhetische Funktion einer polsternden Hülle, die harte Formen abmilderte und dem Menschen ein gefälliges Äußeres verlieh. In den Illustrationen zur Topografie von Knochen und Muskeln wird diese Funktion in der Regel durch eine Umrisslinie visualisiert, die den menschlichen Körper als eine für den anatomisch geschulten Künstlerblick transparente Entität in fest definierten Grenzen konfigurierte (Abb. 6). Die Bedeutung, die die

18 Salvage (siehe Anm. 2), S. 37: „Le tissu cellulaire graisseux remplit les intervalles des muscles, soulève la peau et la tend uniformement. Il ajoute à l'agrément des parties en leur prêtant ces formes douces et arrondies, à travers lesquelles les muscles se dessinent moelleusement chez les hommes, et sont pour ainsi dire totalement cachés dans les femmes et les enfans."

19 Salvage (siehe Anm. 2), S. 35.

20 Dazu ausführlicher Mechthild Fend: Bodily and Pictorial Surfaces. Skin in French Art and Medicine, 1790–1860. In: Art History 28, Nr. 3, 2005, S. 311–339, vor allem S. 318–322.

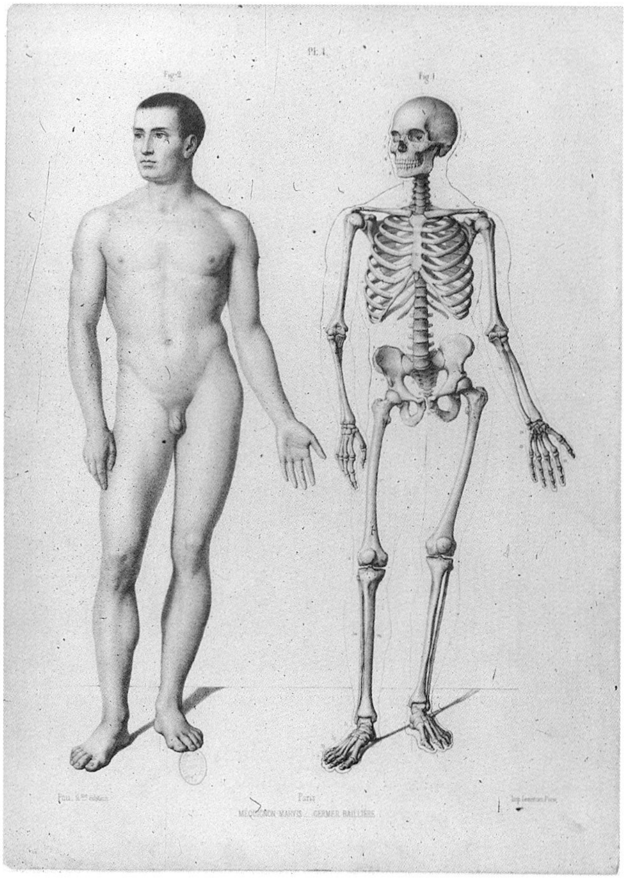

Abb. 6: Männlicher Akt mit Skelett, Lithographie von Léveillée aus Julien Fau: Atlas de l'antomie du corps humain, 2. Aufl. 1866.

Kontur in den französischen Künstleranatomien im gesamten 19. Jahrhundert spielte, verdankte sich einer bestimmten Konstellation von Ästhetik und Medizin in der postrevolutionären Ära. In Salvages *Anatomie du Gladiateur* koinzidieren die damals aktuelle medizinische Aufmerksamkeit für die Haut als Symptomträger und vitales Organ, das den Austausch zwischen Innen und Außen reguliert, eine neoklassizistische Privilegierung der Kontur und ein bürgerliches Körperbild, das die Haut als Hülle des Selbst entwirft. Der Glaube an antike Figuren als künstlerische Vorbilder wie Modelle eines gesunden Idealkörpers provozierte bei Salvage eine Darstellungsform, die den ästhetischen und medizinischen Blick auf den Körper verschränkt. Die äußere Form der antiken Skulptur markierend, hat die Umrisslinie dabei auch die Funktion, beide Blickweisen zusammenzuhalten.

Martin Kemp

The Leonine Man: from Metaphysics to MGM

Visitors of the annual exhibition at the Royal Academy of Arts in London could notice that there is a compact display in one of the academy's suite of smaller historic rooms. It is entitled "The Young Lion: Early Drawings by John Frederick Lewis RA (1804–1876)". Lewis became a famed painter of "oriental" scenes, and is the star of the large contemporaneous show, *The Lure of the East* at Tate Britain.[1] Born into a family of painters and engravers, Lewis exhibited precocious promise, particularly in his sketches of exotic animals in the Exeter Exchange Menagerie in London. The exhibition title works in a dual sense, signaling the young draftsman's high promise and referring to his studies of lions, one of which provides the headline image for the show's literature and publicity (fig. 1). The drawing exudes an air of spiky irascibility.

Googling the subject of the young lion, to check on the details of the RA's exhibition, Lewis's prominence is challenged by a pop music performer who calls himself Young Lion. He specialises in "Dancing Da Dancehall", as he tells us. His rhythmic vocal and athletic talents are paraded on various websites, including the BBC and YouTube, where we can sample clips from the videos of such songs as *Gully Crepa*.[2]

These are just two of innumerable instances of the use of lion imagery in contemporary culture. We understand readily what is meant. The designation means that the individual exhibits admirably strong characteristics of boldness and leadership. The ease with which we key into the metaphor is remarkable given the obvious differences between a lion and a person. Also notable is its cross-cultural nature. To take one example, pairs of fantastically anthropomorphised lions stand fierce guard over the Forbidden City in Beijing. No less extraordinary is the sheer longevity of lion-man image, from the most ancient of developed visual cultures to the most modern. And, not least, the leonine effortlessly crosses the boundaries between elite metaphysics, medicine, natural history, political propaganda, and almost every branch of popular imagery. The linking factor may be called the physiognomic imperative.

The basis of physiognomics in its fully developed form, which we may effectively date to the sixteenth century, is a diagnostic system of fixed "signs". Details of the face, head and other bodily features were to be read by the adept as a sys-

1 The Lure of the East. British Orientalist Painting, exhibition catalogue, ed. Nicholas Tromans, Tate Gallery, London 2008.

2 uk.youtube.com/watch?v=F25B5U5PYYY (seen: 12/2008)

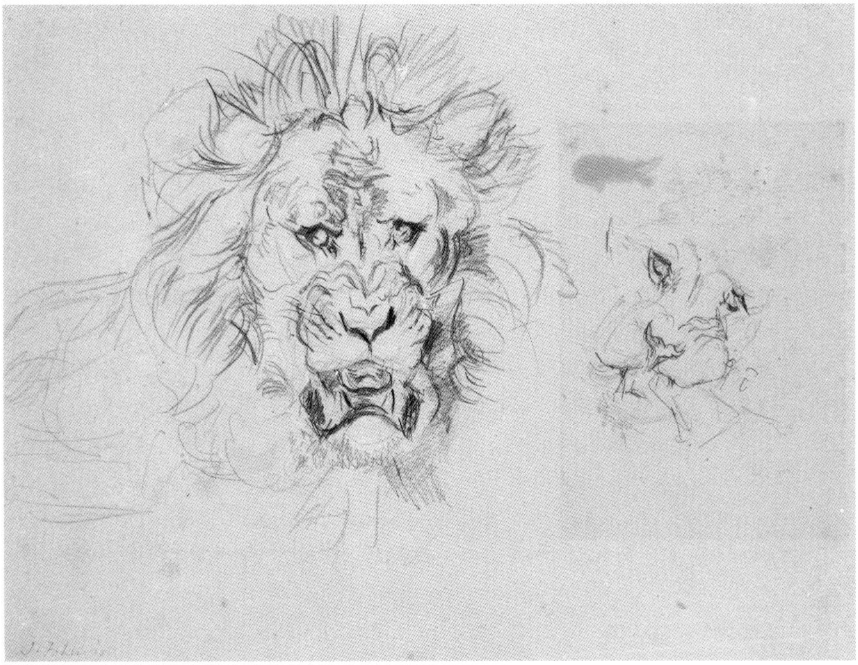

Fig. 1: John Frederick Lewis: Study of a Lion (detail), c. 1820, pencil on paper.

tem of symptoms of the indelible traits of a person's soul. The sign system was built integrally into the totality of universal knowledge that claimed to explain human nature in the contexts of the natural world and the cosmos. It was correlated with astrology, hermetic wisdom, the doctrine of the four elements and the four humours and temperaments, and the spectrum of animal life in the created world. The most persistent, stable and recurrent of the correlations was that of the choleric man as leonine and martial. It is obviously impossible to survey the huge range of cultural expressions of leonine men and manly lions in this brief compass. Some representative examples from Western culture, beginning with metaphysics and ending in the popular domain may stand for the rest.

Metaphysics

When we find physiognomy featuring in the world systems of the medieval *Secretum secretorum*, Michael Scot, Albertus Magnus, Henry Cornelius Agrippa, Paracelsus, Johannes da Indagine, Giambattista della Porta and Athanasius Kircher, we can be certain that it occupied a niche in the vast edifice of *Natural Magic* – the title of della Porta's hugely popular 1558 compendium.[3] There is no

3 For the place of these authors in the physiognomic tradition, see Martin Porter: Windows of the Soul. The art of physiognomy in European culture, Oxford 2005, esp. pp. 46–78; for the tradition in its artistic context, see Martin Kemp: The Human Animal in Western Art and Science, Chicago 2007.

clear separation to be made here between "science" and "magic" in their later designations. Where "natural magic" explored a distinct territory was in its aspiration to weld all the hidden messages that God has secreted in the universe into an arcane whole, such that every part of observable nature is an expression of mysteries that are knowable fully only to the Creator himself. The philosopher penetrates the secrets through an laboriously acquired ability to read nature as a series of divine hieroglyphs.

One of the running themes behind many such attempts to forge universal wisdom was the doctrine of the microcosm and macrocosm. It was most flamboyantly espoused by the Elizabethan doctor and mystic, Robert Fludd. In one of his many tabulated schemes of wisdom, physiognomy is closely grouped with astrology, chiromancy and the proportions of the human body.[4] The mathematical template for the body's design is underlined by his macrocosmical variations on the Vitruvian man and by geometrical schemata for the head and feet derived from Dürer. Each person's individual design is in effect an astrological and temperamental variation on this ur-design of the harmonic body, subject constitutionally to the elaborate (meta)physics of the cosmos.

In the setting of Fludd's world of esoteric wisdom, physiognomy takes its due place amongst the arcane sciences of divination, together with such pursuits as natural prophecy and geomancy. Given the rule of the seven planets in his system, it is natural that astrological predestination should play the key role in determining the external bodily expressions, the "complexions", that arise from the action of the humours and temperaments.

The most comprehensive and influential of the detailed attempts to integrate the linked sciences of chiromancy and physiognomy with astrological divination occurs in the *Introductiones apotelesmaticae* of 1522 by the German priest James Rosenbach who wrote under the evocative name of Johannes da Indagine ("John the Hunter").[5] A year later it was published in German as *De kunst der chiromantzey*.

4 Robert Fludd: Utriusque cosmi maioris scilicet et minoris metaphysica, physica atque technica historia, 2 vols., Oppenheim 1617–21.

5 Johannes da Indagine: Introductiones apotelesmaticae, Strassburg/Frankfurt 1552; Translated as: The book of palmestry and physiognomy being brief introductions, both natural, pleasant and delectable, unto the art of chiromancy, or manual divination and physiognomy, with circumstances upon the faces of the signes : also canons or rules upon diseases or sicknesses : whereunto is also annexed, as well the artificial as natural astrologie, with the nature of the planets, London 1651.

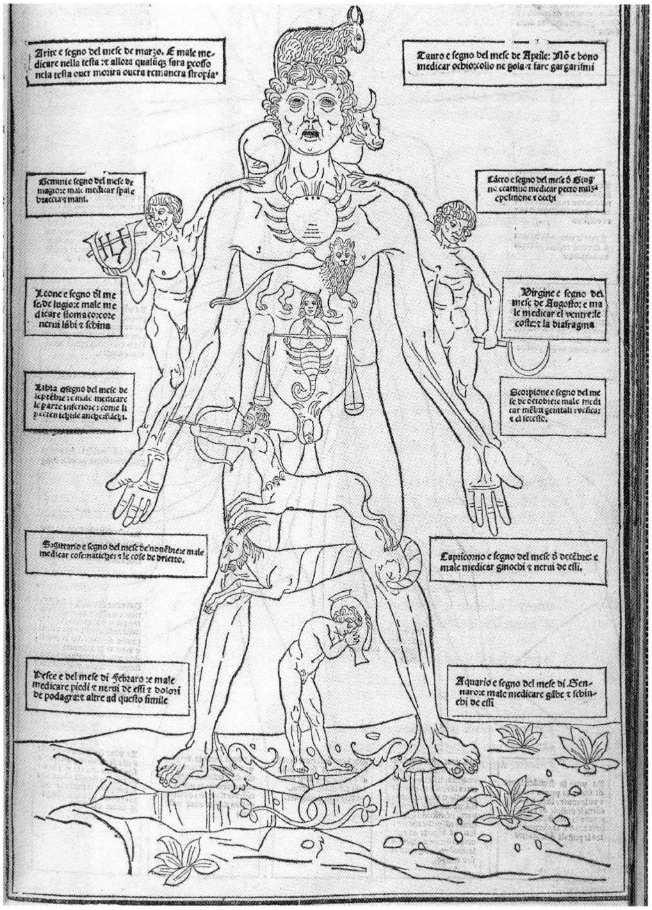

Fig. 2: Johannes de Ketham: Zodiac Man, from Johannes de Ketham: Fasciculo de medicina, 1493.

It is a notable characteristic of physiognomy that it gained an early prominence amongst popular sciences broadcast in the vernacular, sometimes in anonymous handbooks. One such anonymous German guide, the *Complexionbuch*, appeared in 1511 and went though at least 24 editions before the end of the century.[6]

After his comprehensive discussion of the signs of the hand, Indagine opens the second part of his treatise with the eye as a key sign, before exploring other parts of the face. Animal parallels are generally implicit, though he does explicitly declare that "a nose like an Ape, betokeneth a libidinous and riotous person".[7] His most substantial branch of physiognomy is devoted to the physical expression of the person's astrological constitution. Thus he explains what happens when "The Sun is in Leo": "So in the first face of Leo, is the gift of life; and it maketh of them a small comely body, ruddy coloured, mixed with some white, rolling eyes, strait body, full of diseases in their feet, especially in age; famous and notable, simple, and beloved of the Kings and rulers of the Earth."[8]

This seven-part scheme based on planetary motions involves a different mode of divination from that which diagnoses the leonine nature of the choleric man

6 Porter (as cited in note 3), p. 128. Porter also documents the English vernacular traidition.

7 Indagine (as cited in note 5), part II, H3.

8 Indagine (as cited in note 5), part II, H4.

within the four-part system of the physical constitution of man. However, the ultimate goal of "natural magic" is to demonstrate how every part is related to every other part through intricately interwoven sign systems. In such a world of disciplinary fusion, four does indeed go into seven with no remainder left over. Thus the astrological Leo exhibits characteristics that can be discerned physiognomically and are consistent with the choleric humour. According to astrological law, a Leo is typically proud, ardent, ambitious, powerful, brave and regal, but prone to self regard, arrogance, irrascibility and an excess of ambition. These characteristics can be read from the person's external signs. Leo is the sign that governs the heart and spine, as graphically demonstrated by the zodiac man in Johannes de Ketham's *Fasciculo de medicina* (fig. 2), where it additionally rules over the stomach and lumbar nerves.[9] To "lack heart" or to be "spineless" are not desirable characteristics. Leos are typically not deficient in these respects. As so often, we have inherited bodily metaphors from early medical doctrines.

Physic

Medical physiognomy was for many philosophers continuous with astrological physiognomy, but it could stand as distinct from the mystical spectrum of "natural magic". Indeed, it needed to do so if it was to take its place amongst the more "modern" directions of science in the Renaissance.

The foundation for medical physiognomy relied on the fusion of two traditions, the Aristotelian and the Galenic. The first took its key both from the philosopher himself and the treatise on *Physiognomics* that was for long taken to be by him (but now attributed to Theophrastus). In his *Analytica priora* Aristotle declares that "it is possible to infer character from the physique if it is granted that that body and soul change together in all natural affections [or 'dispositions']. […] Supposing then, this is granted, and also that there is one sign of affection, and that we can recognise the affection and sign proper to each class of creatures, we shall be able to judge character from physical appearance."

With typical subtlety, Aristotle acknowledges the complexity in reading the signs: "If the genus as a whole has two peculiar affections, e.g. if lions have courage and a willingness to share, how can we decide which sign of those which are peculiarly associated with the genus belong to which affection? Probably if

9 Johanes de Ketham: Fasciculus medicinae, Venice 1493.

both affections are found in some other class not as a whole, that is when of the classes in which each of them is found, certain members posses one but not the other affection. For if a man is brave but not generous, and exhibits one of the two signs, clearly this will be the sign of courage in the lion as well."[10]

The underlying supposition at work here is that the soul is the generating "form" of the body, with "form" understood as the shaping virtue rather than the material shape itself. This doctrine provides the implicit foundation for Theophrastus's *Physiognomia*: "No animal has ever existed such that it has the form of one animal and the disposition of another, but the body and soul of some creature are always such that a given disposition must follow a given form."[11]

Although later derivations from the Aristotelian treatise tend to transform its diagnoses into simple formulas and equations, the opening section of the text fully acknowledges the complexities of which Aristotle himself was aware: "We have to make our selection from a very large number of animals, and from those that have no common characteristic other than that whose character we are considering."[12]

"The physiognomist draws his data from movements, shapes and colours, and from the habits appearing in the face, from the growth of the hair, from the smoothness of the skin, from voice, from the condition of the flesh, from parts of the body, and from the general character of the body."[13] Animal parallels lie at the heart of the enterprise, as two excerpts demonstrate: "The characteristics of a brave man are stiff hair, [...] a strong neck but not very fleshy; a chest fleshy and broad [...] a bright eye, neither too wide opened not half-closed [...] the forehead is sharp, straight, not large, and lean, neither very smooth nor very wrinkled."[14]

The parallel with a lion is self-evident: "The lion of all the animals seems to have the most perfect share of the male type. Its mouth is very large, its face is square, not too bony, the upper jaw not overhanging but equally balanced with the lower jaw, a muzzle rather thick than fine, bright, deep-set eyes, neither very round

10 Aristotle: Analytica priora, 2, 27, 70b, 6–39; Elizabeth Evans: Physiognomics in the Ancient World. In: Transactions of the American Philosophical Society, New Series, 59, No. 5, 1969, pp. 1–101.

11 Aristotle: Aristotle Minor Works, trans. W. S. Hett, London 1936, Vol. 1, p. 85.

12 Aristotle (as cited in note 11), 1, p. 91.

13 Aristotle (as cited in note 11), 2, p. 93.

14 Aristotle (as cited in note 11), 3, p. 99.

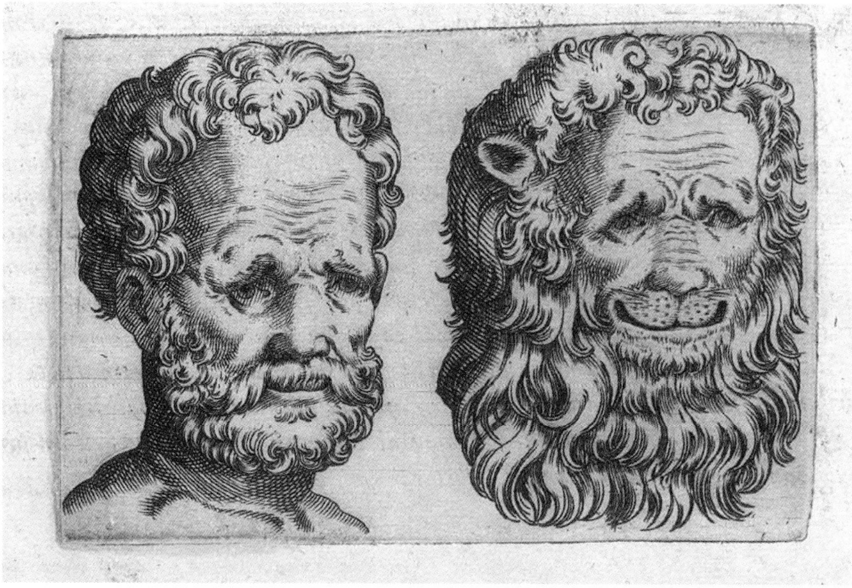

Fig. 3: Giambattista della Porta, Heads of Lion and Leonine man, from Giambattista della Porta: De humana physiognomia, Vico Equense, 1586.

nor very narrow, of moderate size, a large eyebrow, square forehead, rather hollow from the centre, overhanging towards the brow and nostril below the forehead like a cloud [...] a long neck, with corresponding thickness [...] and his chest powerful."[15] He adds elsewhere that "the lion and the wild boar are the bravest [of animals] and have very stiff hair".[16] Gradually, during the long development of medical theory from the later classical period to the Renaissance, the animalistic prescriptions become fused with a second tradition, the doctrine of the humours as expounded in the Galenic succession.[17] This ensured that physiognomics gained credibility from a secure position within the conceptual framework that dominated Western medicine for centuries.

By the time Dürer painted his *Four Apostles* in 1526, he could confidently expect that the more learned viewers of the magnificent panels that he regarded as his own memorial would be fully alert to the plural sets of conjunctions behind the "complexions" of his four great figures.[18] For example, the overtly leonine characteristics of the choleric St. Mark, not least his bright eyes and "cloudy brow", have been noted often enough not to need stressing here.

When Giambattista della Porta published his much translated *De humana physiognomia* in 1586, he was doing little more than providing a neatly illus-

15 Aristotle (as cited in note 11), 5, pp.111–113.
16 Aristotle (as cited in note 11), 2, p. 93.
17 Kemp (as cited in note 3), pp. 18–40.
18 Kemp (as cited in note 3), pp. 29–32.

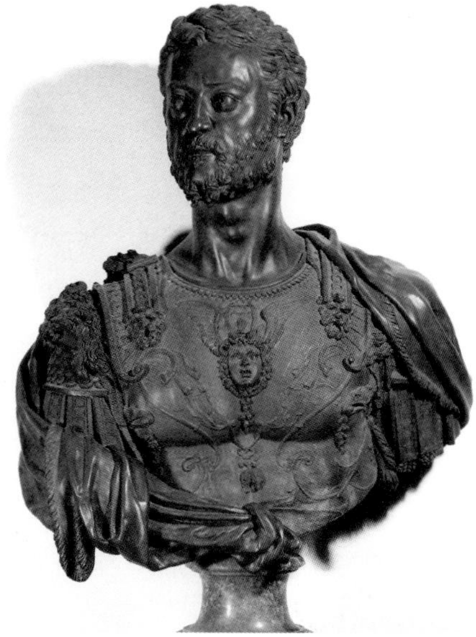

Fig. 4: Benvenuto Cellini: Cosimo I de' Medici, 1548, bronze, Museo Nazionale del Bargello, Florence.

trated résumé of what was already common knowledge in learned and even in less learned circles.[19] In keeping with Theophrastus (or, as he assumed, Aristotle), he begins by equating men for natural boldness with the lion and women with the "timid" panther. His illustrative technique, widely emulated and equally widely parodied, exploits double plates (fig. 3), sometimes repeated at various points in the text. In order to underline the human-animal analogies, he forces the characterisations of the heads of men and animals, particularly those of the anthropomorphised beasts, to converge in ways that sometimes have comic results – at least in our later eyes. In the next century, Charles le Brun showed that a great draftsman could effect the analogies without forcing the point quite so hard.[20]

Metaphors

Once we are attuned to the sets of signs, we can recognise them on a wider basis than is normally acknowledged in the history of art. To take just one example, Benvenuto Cellini's bronze bust of *Cosimo I de' Medici* (fig. 4) is replete with leonine imagery, both literal and analogical.[21] The Grand Duke of Tuscany was, in Cellini's words, characerised "in accordance with the noble fashion of the ancients. There is given to it the bold movement of life, and it is well supplied with various and rich adornments".[22] The roaring lion's head on the shoulder of his magnificent cuirass is paralleled by the fierce heads of hirsute men on his epaulettes, the eagle's head on his left breast introduces to the lion's most obvious rival in ruler imagery, thus doubly underlining the grand Duke's fierce but noble disposition.

19 Giovanni Battista della Porta: De humana physiognomica, Vico Equense, 1586.

20 See Jennifer Montagu: The Expression of the Passions: The Origin and Influence of Charles Le Brun's conférence sur l'expression générale et pariculière, New Haven 1994; and Kemp (as cited in note 3), pp. 45–51.

21 John Pope-Hennessy: Italian High Renaissance and Baroque Sculpture, 3rd ed., Oxford 1986, pp. 370–71.

22 Pope-Hennessey (as cited in note 21), p. 370.

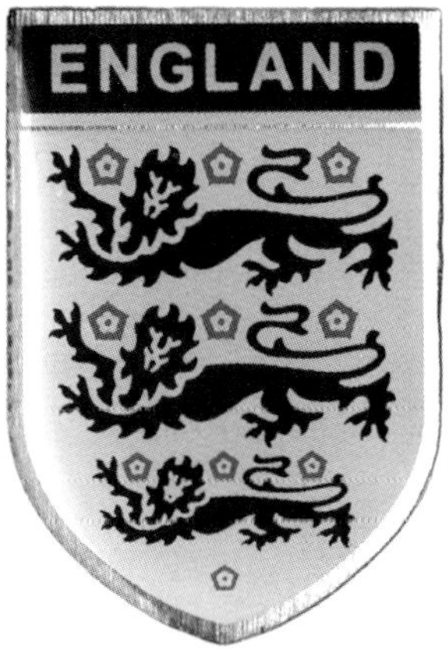

Fig. 5: Badge of the English Football Association.

Fig. 6: Battle Standard of Scotland.

It is difficult to find any ruling entity – tyrannical or democratic – that has failed to exploit the imagery of the lion as king of the animals. Lions feature ubiquitously in international heraldry in a variety of meaningful poses. A conspicuous example is the group of three lions "passant guardant in pale" that the crusading king, Richard the Lionheart (coeur de lion), adopted in the late twelveth century as the device of the English monarch and which still adorns the breasts of English sportsmen and women (fig. 5). Scotland, by contrast, competitively brandishes a lion rampant on its regal battle standard and the badges of its sports teams (fig. 6).

The range of political regimes in which Leonine imagery flourishes allows us to pass with no visual strain from Granducal Florence and the monarchies of England and Scotland to the republic of America. Washington is no less replete with lions than Florence, London or Edinburgh. Standing grandly at the top end of the Mall is the Ulysses S. Grant Memorial, erected between 1902 and 1922 in honour of the Civil War general and later president. Accompanying the second largest equestrian statue in the world, sculpted by Henry Merwin Shrady, are four spectacularly proud lions protecting the standards of the USA and its armies (fig. 7).[23] Shrady's lions exude a rather snooty air of invincible superiority, particularly when compared to Edwin Landseer's grand but rather domesticated versions at the foot of Nelson's column in Trafalgar Square, London

23 Dennis Montagna: Henry Merwin Shrady's Ulysses S. Grant Grant Memorial in Washington, D.C.: A study in iconography, content and patronage, Doctoral dissertation 1987, University Microfilms International Dissertation Services.

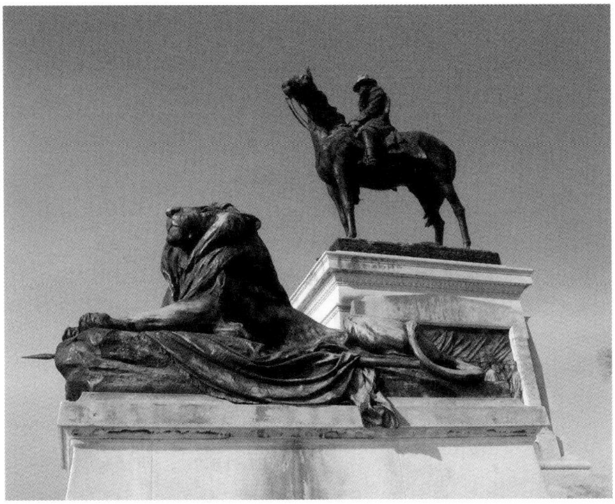

Fig. 7: Henry Shrady: Grant on Horseback and Lion from the Ulysses S. Grant Memorial, 1902–1922, bronze, Washington.

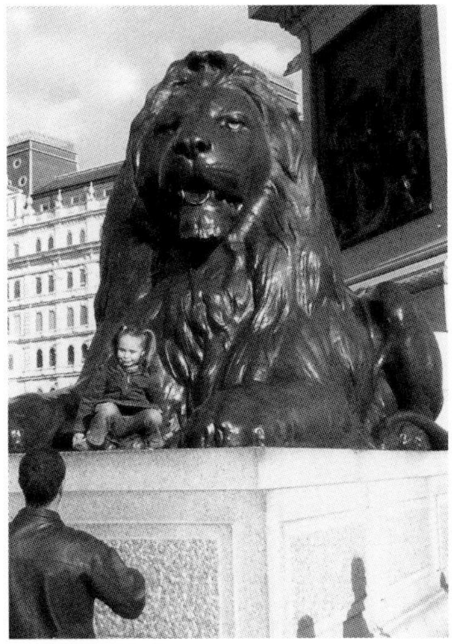

Fig. 8: Sir Edwin Landseer: Lion from the Base of Nelson's Column, finished 1867, bronze, Trafalgar Square, London.

(fig. 8).[24] Given Grant's legendary calmness in battle, it is the alert horse and indomitable lions that convey much of the emotional punch of the central ensemble of the monument.

Physiologus, Fables and Films

Unsurprisingly, anthropomorphised lions play leading roles in the *Physiologus* (bestiary) and fables that were so popular in the post-classical world. The key source is the account of the lion in Pliny's *Historia Naturalis*.[25] Isidore of Seville's seventh century *Etymologiae*, the widely influential encyclopaedia, takes its cue from largely from the Roman author.[26] Noting that its name in Greek (leo) means "king" in Latin, Isidore explains that there are two types of lion, a timid one with curly hair and a large, fierce one with a straight mane. The courage of the later is manifest in its brow and tail. Amongst the stories that Isidore retails are its fear of the noise of wheels and its clever erasing of its footprints with its tail so hunters cannot track it. Lions only attack men when they are desperately hungry, and, more generally, they are only aggressive when provoked. Thus it is that a lion in an Anglo-Norman *Bestiary* in Merton College Library, Oxford, is shown in a state of alarm beside a wheeled cart, beside which is a cock, also a legendary source of terror for the king of beasts (fig. 9).

24 Richard Ormond: Sir Edwin Landseer, London 1981.
25 Pliny: Historia Naturalis, 8, 17–21.
26 Isidore of Seville: Etymologiae, 12, 2, 3–6.

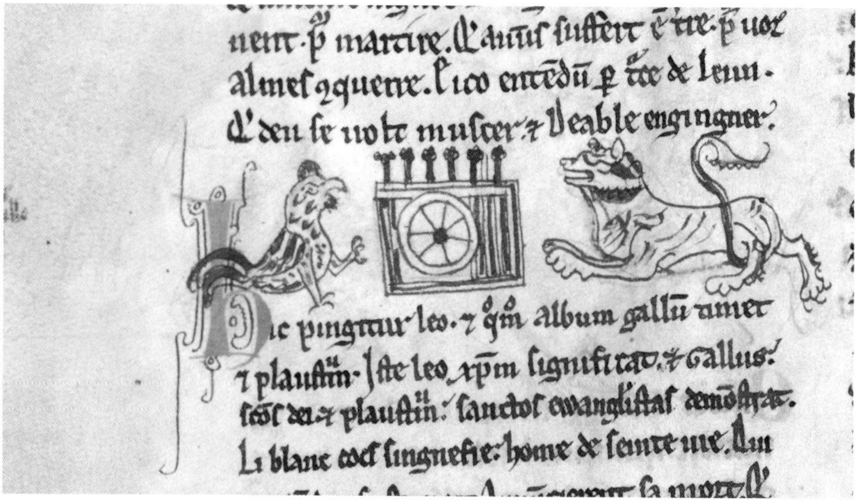

Fig. 9: Illumination of a Lion with a Cart and Cockerel from a 13th-century miscellany, including a Bestiary in Anglo-Norman verse, The Warden and Fellows of Merton College Oxford (MS 249, fol. 2v).

In the typically inverted world of fables, from Aesop onwards, lions are regularly subject to such foibles, in ways that mock their regal pretensions. Accordingly we find that Aesop's lion, proud in its apparent majesty, needs to be released from a hunter's entrapping nets by a tiny nibbling mouse, while La Fontaine's is tormented to distraction by a puny gnat.[27]

Beyond the humanised morals of animal fables, with their satirical inversion of the normal order of affairs, the lion's image in allegories is generally dominated by its stock reputation for leadership, courage, strength and judicious ferocity. This is the character displayed by the lion in Paulus Potter's elaborate allegory of the *Life and Death of the Hunter* in the Hermitage, St. Petersburg. A series of hunting scenes surround two rectangular fields in which the natural order is riotously turned upside down and the hunter is brought to book (fig. 10, cf. colourplate 6).[28] In the upper of the central fields, the cowed hunter is brought before the court of the animals, over which presides a kingly lion brandishing a sceptre. Below the naked man is spit-roasted to the animals evident acclaim.

The regal lion continues to reign, virtually unchallenged, in the world of popular imagery, particularly in films and TV programmes directed at children. Walt Disney's trilogy of *Lion King* films, the resulting musical, publications and extensive merchandise from 1994 onwards remorselessly exploit the majestic character of the legendary ruler of the jungle (fig. 11). Earlier, in the 1960s,

27 For Francis Barlow's 1666 illustration of the Aesop fable, and Jean-Baptiste Oudry's 1732 painting of the La Fontaine fable, see Kemp (as cited in note 3), p. 129 and p. 140.

28 Edward Buijsen: Schilderijen. Het leven van de jager. In: Paulus Potter, Drawings and Etchings, exhibition catalogue, ed. Amy Walsh, The Hague 1995, pp. 127–135.

the animated cartoon, *King Leonardo and his Short Subjects*, had delighted TV viewers. In this case, Leonardo the lion king was more bumbling than wholly efficacious – endowed with a character that shares something with the subverted world of the fables. King Leonardo does, however, survive the machinations of his ambitious brother, Itchy, and Biggie the gangster Rat. The natural order is thus maintained. Of all the filmic lions, pride of place must surely go to the regal beasts (or rather succession of regal beasts) used by Sam Goldwyn and from 1928 by Metro Goldwin Mayer as their studio trademark. The lion's controlled snarls have triggered surges of anticipation for generations of eager filmgoers. How many customers also notice the high-minded Latin motto "Art for the sake of Art" is another matter. But at least the gravity of the Latin tag, whatever it means, conveys a sense of distinguished pedigree – while the pseudo-African mask promises exotic thrills from far-off lands.

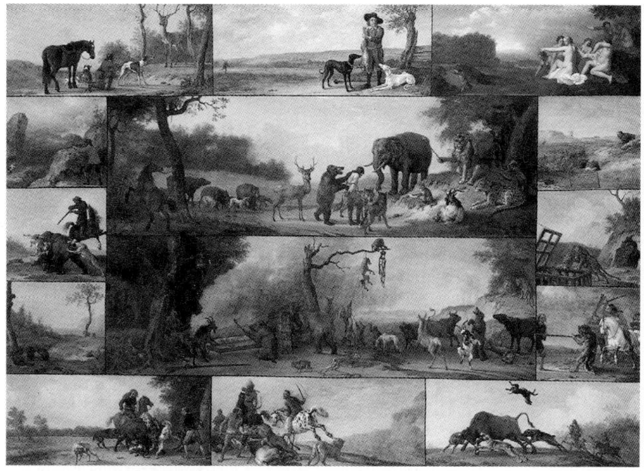

Fig. 10: Paulus Potter: The Life and Death of the Hunter, c. 1650, The State Hermitage Museum, St. Petersburg.

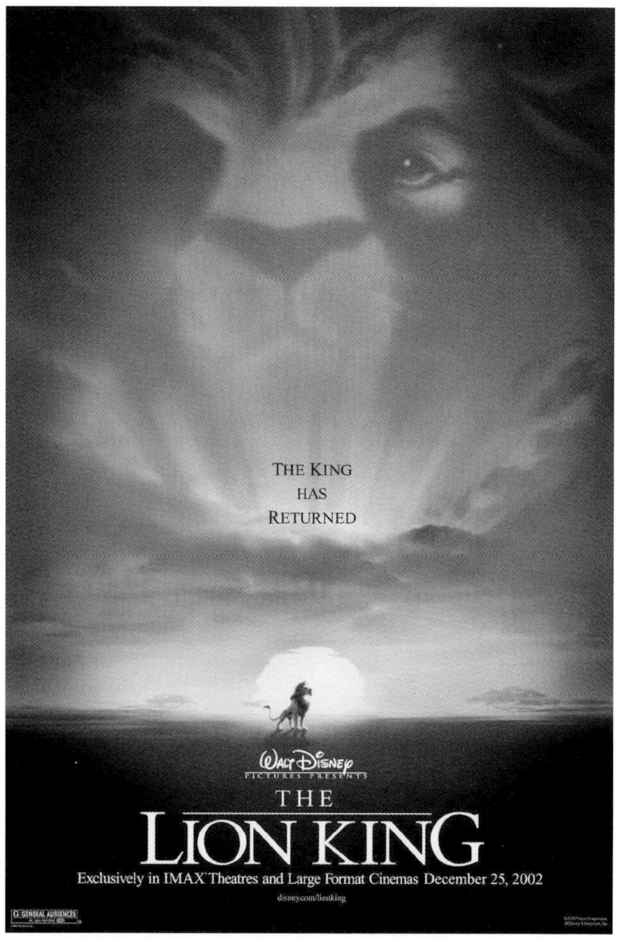

Fig. 11: Poster for Walt Disney's "The Lion King", 1994.

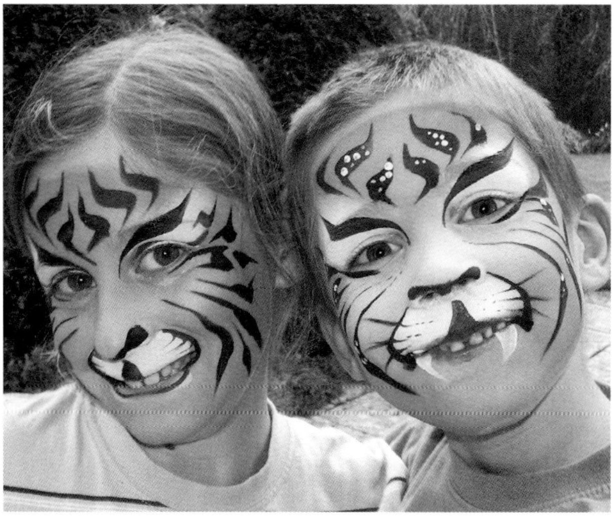

Fig. 12: Children's Faces Painted by Fizogg.

Fizoggs

Even with this brief survey it is possible to see how pervasive the physiognomic image of the lion has been over the ages and across Western cultural genres. The English slang terms for face, *fiz* or *phiz* and *fizogg* or *physog* (sometimes with a double z), bear witness to the penetration of the philosopher's divinatory system into the popular domain. Fizogg is now the name of a British company that specialises in painting faces for children's parties and corporate events! That the first image on their homepage should be feline, if tiger-like in this case, is no surprise (fig. 12).

Leonine imagery provides the supreme witness to the way in which we are all subject to the physiognomic imperative. We react with deeply ingrained instincts to humans and animals according to our immediate perception of their character through physiognomic signs. We instantaneously plot the fixed signs against the mutable signs of expression to compute the disposition of the person or beast in front of us. There is a big evolutionary imperative at work here. At a very basic level it may have served us well, but at any level of modern human complexity it fails to deliver in a reliable manner. Whatever the fallacies of the physiognomic imperative are, we simply cannot resist it. We are all into fizoggs whether we like it or not.

Bücherschau: Wiedergelesen

Donna Haraway: Ein Manifest für Cyborgs. Feminismus im Streit mit den Technowissenschaften. In: Dies.: Die Neuerfindung der Natur. Primaten, Cyborgs und Frauen, hg. von Carmen Hammer und Immanuel Steiß. Aus dem Amerikanischen von Dagmar Fink, Carmen Hammer, Helga Kelle, Anne Scheidhauer, Immanuel Stieß, Fred Wolf, Campus Verlag: Frankfurt/New York 1995, S. 33–72.

Donna Haraways *Manifesto for Cyborgs: Science, Technology, and Scocialist Feminism in the 1980's* erschien zunächst in einer gekürzten Fassung 1985 in Socialist Review; er wurde in einer überarbeiteten und vervollständigten Form 1991 in die Aufsatzsammlung *Siminans, Cyborg and Women: the Reinvention of Natur* aufgenommen.

Im Laufe der Jahrzehnte nach seinem Erscheinen ist Haraways Manifest unter vielfältigen Aspekten kritisch gewürdigt worden. Heftige Debatten lösten zum Beispiel die, von Cyberfeministinnen unterschiedlichster politischer Ausrichtungen – wie VNS-Matrix oder Sadie Plant – propagierten, utopisch subversiven Visionen einer feministischen Nutzung des Cyberspace aus, die durch Haraways Konstruktion *der* Cyborg inspiriert waren. Noch bevor 1990 Judith Butlers Buch *Gender Trouble* erschien und nicht nur die Geschlechtsidentität (gender) als kulturelle (diskursive und semilogische) Konstruktion beschrieb, sondern auch das anatomische Geschlecht (sex) seiner vermeintlich vor-diskursiven Natürlichkeit enthob, war es Haraways Manifest, das wesentlich die Sex-Gender-Debatte beeinflusste. *Die* Cyborg war keine technizistische Neuerfindung einer Science-Fiction-Autorin. *Die* Cyborg ist eine „imaginäre Figur" (S. 33), mit der die Biologin und Wissenschaftshistorikerin Haraway einer epistemologischen Neuorientierung ein schockierendes Bild zu geben vermochte: „Natur und Kultur werden neu definiert." (S. 35)

Im Unterschied zu den zahllosen theoretischen und faktischen Hybriden aus Maschinen und Organismen, welche die Technosciences im 20. Jahrhundert hervorgebracht haben – den Cyborgs –, ist *die* Cyborg mit Qualitäten ausgestattet, mit denen ihr Produktiv-Werden für eine andere Epistemologie sinnfällig gemacht werden soll. Eine, Haraway zufolge, angemessene Neubeschreibung und Analyse der durch die Technowissenschaften bewirkten Veränderung der Welt bedeute eine Herausforderung bestimmter, in der westlichen Tradition durchgehaltener Dualismen als systematische Bestandteile der Logik und Praktiken der Herrschaft „über Frauen, farbige Menschen, Natur, ArbeiterInnen, Tiere – also, der Herrschaft über all jene, die als Andere konstituiert werden und deren Funktion es ist, Spiegel des Selbst zu sein" (S. 67). Weil *die* Cyborg keine Ursprungsgeschichte hat und daher keinem Mythos der ursprünglichen Einheit, keinem Zustand der „Unschuld" zugeordnet werden kann, ist sie eine nicht-dialektische Grenzfigur zwischen den Dualismen Mensch/Tier, Maschine/Organismus, Subjekt/Objekt und physikalisch/nichtphysikalisch (im Sinne von materiell und immateriell). Alle diese und weitere herrschaftsträchtige Dichotomien beruhen auf der Entgegensetzung von Natur und Kultur: Kategorien, die am deutlichsten in der Entgegensetzung von Sex und Gender sichtbar werden. Haraway schlägt nicht vor, diese Grenzziehungen in dem Sinne zu überschreiten, dass Gender als kulturelle Aneignung einer biologischen sexuellen Differenz verstanden würde. Sex und Gender als unterschiedliche Kategorien zu denken, um die Beziehungen zwischen diesen beiden Kategorien als gerade nicht von vornherein feststehende analysieren zu können, ist für Haraway sowohl eine identitätspolitische als auch erkenntnistheoretische Notwendigkeit. Sex, das anatomische Geschlecht oder auch der so verstandene Körper (der nicht der der Geschlechtsidentität ist) erhält in dieser Epistemologie den Status des Akteurs oder Aktanten der Akteur-Netzwerktheorie, „real wie die Natur, erzählt wie der Diskurs, sozial wie Geschichte".[1] In diesem Sinne ist Sex Gestaltendes und nicht bloß eine natürliche Ressource oder Rohstoff oder das Ursprüngliche. Ihre Aussage: „Sowohl Schimpansen als auch Artefakte machen

Politik" (S. 38) macht zudem deutlich, dass – entgegen nachträglicher Rezeptionen – die Gegenstände der wissenschaftlichen Erkenntnis nicht als handelnde Subjekte aufgefasst werden. Haraway beobachtet nicht nur den Zusammenbruch überkommener Dichotomisierungen als Ursache der Technosciences. Die differenztheoretische Analyse dessen, was Haraway die „Informatik der Herrschaft" nennt, ermöglicht hingegen eine doppelte Erkenntnis. Sie schreibt eine Tabelle, auf deren linker Seite die sozialen, ökonomischen, produktiven und reproduktiven, ethischen und militärischen „Gegenstände" der „organischen Industriegesellschaft" und auf der rechten Seite jene des „polymorphen Informationssystems" stehen (S. 48/49). Ihr Resultat liegt darin, dass sich die Gegenstände der rechten Spalte einer Codierung als „natürliche Objekte" entziehen und diese Einsicht zugleich die naturalistische Codierung der linken Spalte untergrabe. Die Beschreibung der sich veränderten Welt ermögliche, die angenommenen Paradigmen der vorangegangen neu zu überdenken. Die Konstruktionen von Sex und Gender sind für Haraway nicht nur ein Beispiel, um mit ihm eine feministische Wissenschaftspolitik oder ein Lobbying für die Sache des Feminismus zu verfolgen. Haraway zeigt in ihrem Manifest, wie eine Epistemologie auf der Grundlage der umfassenden Analyse der Geschlechterkonstruktionen – der sprachtheoretischen, der biologischen, der wirtschaftlichen, der politischen, der ethnischen und auch der fiktionalen – formuliert werden kann und wie „gender studies" zum Werkzeug der Wissenschaft wird.

Für dieses programmatische und visionäre Vorhaben die sprachliche Form des Manifestes zu wählen, ermöglichte Wissenschaftsgeschichte, Wissenschaftstheorie und Wissenschaftspolitik, Science und Fiction miteinander in einen Dialog zu bringen und in einer spezifischen Textform Grenzziehungen zwischen Genres, Disziplinen und Professionen aufzuheben.[2] Zugleich jedoch eröffnete dieses Format auch zahlreiche Kritiken an den argumentativen Fallstricken, die sich Haraway selbst gestellt hatte. So schlägt Haraway gegen eine heteronormative Geschlechtsidentität zwar *die* Cyborg als nicht-duale Grenzfigur vor, zugleich aber wird in ihrer Beschreibung, warum die „Women of color"-Bewegung ein hoffnungsvolles Modell für ein oppositionelles Bewusstsein sei, deutlich, dass durch ihre Kritik an der Ausblendung der Kategorie „race" in (cyber)feministischen Positionen *die* Cyborg zugleich eine ethnische Zuschreibung erhält und als das Identische doch zu einer Einheitsfigur wird. Dadurch wird *die* Cyborg, was sie eigentlich nicht hätte sein sollen: eine Figur der (Selbst)Versicherung und der Unzweideutigkeit.[3]

Gleichwohl bleibt *Ein Manifest für Cyborgs* noch heute eine der radikalsten erkenntnistheoretischen und wissenschaftspolitischen Schriften, nicht zuletzt wegen der Betonung, *die* Cyborg stünde für den Verlust der Unschuld des Ursprungs. Dadurch werden jedem hegemonialen Diskurs – auch dem der „Unterdrückten" (S. 42/43) – Grenzen aufgezeigt, weil ihm die Möglichkeit einer Letztbegründung entzogen ist.

Gabriele Werner

1 Gudrun-Axeli Knapp: Donna Haraways Kritik der Technoscience. In: Regina Becker-Schmidt, Gudrun-Axeli Knapp: Feministische Theorie zur Einführung, Hamburg 2001 (2. Aufl.), S. 95.

2 Vgl. Karin Harrasser: Von der Cyborg zur Hystorie und zurück. Narrationen in Theorie, Kunst und Politik. In: Susanne von Falkenhausen, Silke Förschler, Ingeborg Reichle, Bettina Uppenkamp (Hg.): Medien der Kunst. Geschlecht, Metapher, Code, Beiträge der 7. Kunsthistorikerinnen-Tagung in Berlin 2002, Marburg 2004, ab S. 32; Ulrike Teubner: Donna Haraway, Die Neuerfindung der Natur. Primaten, Cyborgs und Frauen. In: Martina Löw, Bettina Mathes (Hg.): Schlüsselwerke der Geschlechterforschung, Wiesbaden 2005, S. 298.

3 Vgl. Susanne Lummerding: agency@? Cyber-Diskurse, Subjektkonstituierung und Handlungsfähigkeit im Feld des Politischen, Wien/Köln/Weimar 2005, S. 88ff.

Bücherschau: Rezensionen

Carolin Bohlmann, Thomas Fink und Philipp Weiß (Hg.): Lichtgefüge des 17. Jahrhunderts. Rembrandt und Vermeer, Leibniz und Spinoza, Fink: München 2008.

„Licht“ ist fraglos eine zentrale Kategorie in der Kunst und Naturphilosophie der frühen Neuzeit. Einzelstudien zum Licht bei diversen Malern oder in der Geschichte der Optik gab es bislang zuhauf, doch allzu selten wurden die besonderen Konstellationen zwischen Naturphilosophie und Kunst untersucht, die speziell im 17. Jahrhundert zu Transformationen älterer Vorstellungen vom Licht führten. Die Herausgeber des klug konzipierten Sammelbandes monieren zudem zu Recht, dass man sich bislang in den historischen Rekonstruktionen zu einseitig auf die Zentralperspektive als Schnittstelle von künstlerischer Praxis und Wissenschaft konzentriert habe. Ein differenzierteres Bild der Verschränkungen von Wissenschaft und Kunst im 17. Jahrhundert ließe sich jedoch zeichnen, wenn man das in dieser Zeit sich bildende „neue Lichtgefüge“ als den Dingen immanente Kraftquelle und somit weit dynamischer charakterisiere als bislang üblich. Berufen können sich die Herausgeber dabei auf im 17. Jahrhundert aufkommende, wissenschaftliche Erklärungen des Lichts, die die Bewegungsdynamik von Lichtteilchen ins Zentrum rücken, und auf eine zeitgleich entstehende Ästhetik, der zufolge sich ein Bild durch ein Raum und Gegenstand erzeugendes Spiel mit Helligkeitsgraden und Kontrasten konstituiert und daher von der besonderen Materialität der Lichtpartikel abhängt.

Dieses dynamische Lichtgefüge als gemeinsames „Paradigma von Kunst und Naturphilosophie“ vergleichend auszuloten, unternehmen hier 15 Beträge aus Kunstgeschichte, Wissenschaftsgeschichte und Philosophie, wobei die Versuche, Brücken zu den Nachbardisziplinen zu schlagen, mit unterschiedlichem Eifer und Erfolg unternommen werden.

Es empfiehlt sich, die Lektüre mit Thomas Leinkauf über *Die Implikationen des Begriffes Licht in der frühen Neuzeit* zu beginnen, nicht nur, weil es ein ebenso herausragender wie luzider Beitrag des Bandes ist, sondern weil dessen materialgesättigte Typologisierung unterschiedlicher Lichtbegriffe grundsätzlich hilfreich für das Verständnis der Thematik ist. Leinkauf unterscheidet einen im unmittelbaren Erfahrungsvollzug gewonnenen „natürlich-phänomenalen Lichtbegriff“ von ästhetisch-poetischen Lichtbegriffen, wie sie in metaphorischer oder nichtbegrifflicher Form in Dichtung und Kunst vorkommen und mit denen eine Lichterfahrung bereits expliziert wird. Der wissenschaftliche Lichtbegriff versuche dagegen entweder konstruktiv-mathematisch oder physikalisch-dynamisch die Natur des Lichts durch Definitionen und Experimente zu bestimmen, der philosophisch-theologische verfahre ebenfalls reflektiert explikatorisch, indem er die Natur des Lichts im metaphysischen Horizont abendländischer Lichtmetaphorik zu deuten suche. Leinkaufs Trennlinien lassen sich zwar am konkreten Einzelfall nicht immer so klar, wie ihm es vorschwebt, ziehen, insbesondere wenn er Descartes' *Dioptrique* bescheinigt, die dortigen Licht-Definitionen seien „vollständig abgespalten“ von dem Licht, das wir sinnlich erfahren. Denn auch in dieser Schrift versucht Descartes seine Definitionen an Alltagserfahrungen der Matrosen, Handwerker, Gärtner oder gar der Indianer anzuschließen. Alltagserfahrung, Kunst und Wissenschaft sind hier miteinander verschlungen. Gleichwohl erlauben Leinkaufs Bestimmungen, dass man gerade die Eigenart der Verschlingungen präziser benennen kann. Es ist nämlich eine der Stärken des Bandes, die Grenzüberschreitungen des Lichtbegriffs aufzuzeigen: Hubertus Busches originelle Leibniz-Deutung begreift Leibniz' Monaden als Zentren von Lichtsphären und zeigt, wie bei ihm die mathematisch-physikalische und metaphysische Dimension des Lichtes miteinander verschmelzen. Sara Hornäk wiederum schlägt eine neue ästhetische Lektüre von Spinozas *Ethik* vor, die durch einen Vergleich mit der Malerei Vermeers ermöglicht wird. Das ist überraschend, da doch Spinoza die Imaginatio als Erkenntnisform abwertet und keine expliziten Verweise auf die Kunst macht. Es ist zugleich überzeugend, da in der Tat die anti-narrative Komposition des Textes unter anderem Ähnlichkeiten mit der Art aufweist, wie Vermeer durch Modifikationen bei der Licht- und Farbgestaltung die Dinge zum Leuchten bringt und so seine Bilder durch immanente Bezüge konstituiert, die vom Licht als Kraftquelle regiert werden. Hornák gelingt es, nicht nur Spinoza anders zu lesen, sondern mit Spinoza auch Vermeers Malweise mit schlagender Evidenz zu beschreiben. Naheliegend sind indes die Bezüge, die von Yvonne Toros zwischen Spinoza und der Geometrie Desargues und von Thomas Fink zwischen Desargues, und Descartes hergestellt werden. Weiter aufgefächert und den Bezug zur Kunst herstellend, werden dann in dem Beitrag aus der Feder Francesca Fioranis die Theorien des Schattens und der Luftperspektive bei Leonardo, Desargues und Abraham Bosse im Vergleich erhellend erläutert. Licht und Schatten untersuchen auch zwei weitere Beiträge: Hilmar Frank legt dar, wie die Helldunkelmalerei im 17. Jahrhundert einen neuen Wissensraum eröffnete, der durch die Wissenschaften erst später eingeholt und vermessen werden konnte. Carolin Bohlmann zeigt jedoch auch auf, wie die konzeptuelle Erörterungen der Helldunkelmalerei im Verein mit naturphilosophisch-mechanistischen Lichttheoremen konkret die maltechnischen Grundlagen Rembrandts veränderten, wobei sie Hoogstraetens Idee befreundeter Farben mit Descartes' phoronomischer Erklärung des Lichtes überzeugend in Verbindung bringt. Damit gelingt es ihr, auf die von Alan Shapiro in seinem Beitrag zu Descartes formulierte, aber unbeantwortet gelassene Frage nach dem wechselseitigen Einflussverhältnis von Kunst und Wissenschaft exemplarisch zu antworten. Fachimmanent verbleibt indes die Darstellung der Quellen von Rembrandts Lichtverständnis, die der Kunsthistoriker van de Wetering zum Ausgangspunkt für seine Erläuterung von Rembrandts illusionistischen Kunstgriffen anhand einiger Gemälde wählte.

Wo Licht ist, ist auch Schatten. Der interdisziplinäre Ansatz bringt es mit sich, dass manche Autorinnen und Autoren zuweilen im Dunkeln tappen. So kann man in diesem Band auch die Behauptung finden, dass Descartes, wenn er von „Lebensgeist" spreche, metaphysisches Terrain betrete oder dass das natürliche Licht des Geistes bei Descartes (obgleich in Leinkaufs Beitrag das Gegenteil gezeigt wird) klar vom religiösen Offenbarungslicht abgrenzt sei oder dass, so in einem anderen Beitrag, Descartes über die „Natur von Licht und Farbe" handle, obgleich dieser genau das zu Beginn seiner *Dioptrique* expressis verbis ausschließt. Es gibt gelehrte, aber thesenfreie Essays (Joseph Imorde über allegorische Lichtdarstellungen) wie auch thesenreiche, aber ohne Auseinandersetzung mit der Speziallitertatur in den luftleeren Raum formulierte Texte (Thomas Fink über Descartes' Auffassung des natürlichen Lichts in den *Regulae*). Diese gelegentlichen Schwächen vermag der Band jedoch leicht zu kompensieren, da er es insgesamt versteht, die „Lichtgefüge" als epistemologisches und historiografisches Konzept plausibel und mit diesem den bunten Facettenreichtum des Lichts für das 17. Jahrhundert sichtbar und einsichtig zu machen.

Claus Zittel

Jutta Schickore: The microscope and the eye: A history of reflections, 1740–1870, Chicago: The University of Chicago Press 2007.

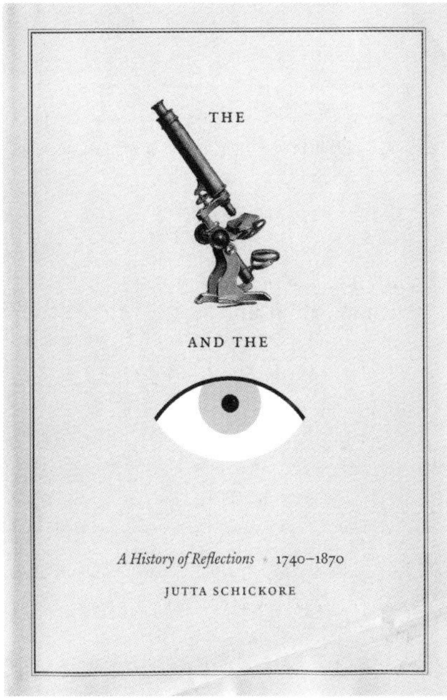

There is nothing wrong with going amiss. "Only through thousands of errors do we reach the truth, but we have certainly gained a lot when we discover the basis of errors of former observers" (p. 242), Jutta Schickore quotes a 1836 paper of the Danish anatomist Carl Moritz Gottsche in the conclusion of her book. Attention to microscopists' recognition, understanding and compensation of errors allows Schickore to re-write the history of the microscope in the eighteenth and nineteenth centuries. The received view, intensely coloured by technological determinism in the work of Gerard L'E. Turner, situates the beginning of modern microscopy around 1830. The eighteenth century, in this view, was a period of stagnation, or even decline, for microscopy. Also, still according to the received view, the same period saw a general distrust of the instrument until the emergence of a modern theory of image formation in the 1860s made the microscope legitimate. Schickore shows that microscopes were indeed error-prone, but also that this did not give rise to full scepticism about the reliability of 'the' microscope in the period. By the 1860s the microscope was already an established instrument which had long served the investigations of different groups of users, from surveyors to histologists and botanists. It was, therefore, not optical theory that made the instrument reliable. Schickore convincingly argues that microscopists' own reflections on their scientific practices, not just progress in instrument-making, had an impact on the advancement of microscopy in the 1830s and 1840s. These reflexive concerns, or "second-order discourses and practices" as Schickore names them, which had their origin in the long eighteenth century before 1830, not optical theory, made the microscope reliable.

Second-order discourses have a history, too. *The microscope and the eye* constructs this history in the period of roughly a century between the 1740s and the 1840s. The 1740s saw the publication of splendidly illustrated *micrographias* of Henry Baker, George Adams the Elder and Benjamin Martin. The dominant theme of their "second-order discourses" was an optimistic commitment to improvement of the microscope, Schickore argues, not despair or even scepticism about the epistemological possibilities of the microscope. By the 1840s a new genre of texts, instruction manuals devoted to second-order problems, emerged. These manuals, used in the context of medical education, solidified the changes of the second-order discourses which had taken place since the *micrographias* of the 1740s. By the 1840s the optimism of a century earlier was mitigated. From a perfectable extension of the human eye the microscope was transformed into an inherently limited instrument with thus inevitable shortcomings, however, without negative epistemological consequences. Schickore argues that individual instruments and microscopical observations were validated by methodological critique of the type solidified in the instruction manuals of the 1840s. The book discusses the practices which played a role in bringing about these changes of second-order discourses, such as the application of the concept of "penetrating power" to the microscope, which inevitably made the instrument a less than perfect trade-off between penetrating and magnifying power, and the microscopical investigation of the structure of the retina. In her answer to the question why these changes of second-order discourses happened, Schickore unequivocably commits herself to a historiographical choice of note. Unconvinced by the technological determinism inherent in histories narrowly focused on the instruments themselves, as we have already seen, Schickore also finds the explanation of these transformations of second-order discourses through sociopolitical and economical factors wanting. Above all, the inner dynamics of scientific endeavours are responsible for these transformations, Schickore argues. She convincingly shows that discordant observational results stimulated microscopists' second-order discourses. This book, therefore, also offers a promising approach to tackle other episodes of error-prone instrumental observation. The application of this perspective to microscopical imagery also promises to be fruitful. Although the visual aspect of microscopy is not topically treated in this book, in cases where Schickore discusses images, her analysis reveals glimpses of the fruitful results of her approach to imagery. For example, in a chapter in which she makes a critical distinction between sustaining and expert witnesses, she shows that the pictures of the anatomist Alexander Monro's images of convoluted fibers did not make readers into virtual witnesses of correct appearances. They depicted deceptive appearances under the microscope to help other microscopists avoid errors – a function of images which has received much less attention than that of *virtual witnessing*. Historians and philosophers interested in the epistemology of microscopical (and other) images would thus do well by paying attention to second-order discourses. They should start by reading this book.

Sven Dupré

Ingeborg Reichle, Steffen Siegel, Achim Spelten (Hg.): Visuelle Modelle, Fink: München 2008.

Dass nicht alle Modelle Bilder sind, scheint unzweifelhaft, operiert doch beispielsweise die Mathematik mit theoretischen Modellen, denen alle bildliche Anschaulichkeit fehlt. Ob sich aber nicht Bilder in sehr vielen Fällen *auch* als Modelle verstehen lassen, scheint eine schwierigere, aber umso interessantere Frage.

Es ist eine der Fragen, die in dem Band *Visuelle Modelle* in vielfältiger Form reflektiert wird. Die von Ingeborg Reichle, Steffen Siegel und Achim Spelten versammelten Aufsätze machen den Versuch, die komplexen Verhältnisse zwischen Bildlichkeit und Modellhaftigkeit zu beschreiben. Beiträge aus den Kunst-, Kultur- und Medienwissenschaften ebenso wie aus Soziologie, Philosophie, Mediävistik und Informatik gehen den spezifisch visuellen Qualitäten wissenschaftlicher und künstlerischer Modellbildung ebenso nach wie dem Modellcharakter verschiedener Formen der Visualisierung. Dabei widmen sie sich so unterschiedlichen Modellwelten wie beispielsweise der Grafen- und Netzwerktheorie (Sebastian Gießmann), den DNS-Modellen von Watson und Clark (Reinhard Wendler) oder den Modell-Raum-Architekturen in der zeitgenössischen Fotografie (Steffen Siegel). Ergänzt wird der sorgfältig gestaltete Band durch zwei Farbtafelteile und ein Interview mit der Künstlerin Damaris Odenbach.

Der Modellbegriff erscheint umgangssprachlich so vielfältig wie unbestimmt: Er bezieht sich auf Muster, Beispiele, Vorbilder und Prototypen ebenso wie auf theoretische Modellbildungen. Gemeinsam ist ihnen, dass Modelle, diese Bestimmung findet sich an mehreren Stellen des Bandes, nie nur Modelle *von* etwas, sondern stets auch Modelle *für* etwas darstellen. Modelle lassen sich daher nicht ohne Kenntnis der Zwecke verstehen, denen sie dienen, der Handlungen, die sich an ihnen vollziehen, und der Erkenntnisse, die sich mit ihrer Hilfe gewinnen lassen. Visuelle Modelle sind, so heißt es im Vorwort des Bandes,

„keine statischen Repräsentationen. Sie sind vielmehr Werkzeuge, die bestimmte Handlungen überhaupt erst ermöglichen". Als Instrumente, die der Manipulation des Bestehenden und der Voraussage des Künftigen dienen, können Modelle sowohl Abbilder des Vorhandenen wie Vorbilder für noch zu Verwirklichendes sein. Doch bilden Modelle die Welt nie bloß ab, vielmehr erschaffen sie immer auch ihre eigene Wirklichkeit.

Der Titel *Visuelle Modelle* markiert zunächst eine Einschränkung – im Fokus stehen solche Modelle, deren konkrete physische und vor allem visuelle Präsenz ihnen eine gewisse Anschaulichkeit verleiht. Es geht um sichtbare und häufig auch greifbare Modelle in den Wissenschaften und Künsten – und auch dort, wo sie sich dazwischen ansiedeln, wie die biologischen Prototypenmodelle, die Ingeborg Reichle analysiert.

Im Titel ist aber auch eine These versteckt – denn visuelle Modelle sind nicht nur sichtbar gewordene Modelle, es sind vor allem Modelle, deren Sichtbarkeit ihrer Modellfunktion nie nur äußerlich scheint. Darum lassen sich an ihnen auch, gewissermaßen modellhaft, Erkenntnisse über die epistemische Funktion der Sichtbarkeit gewinnen: „Visuelle Modelle sind stets zugleich Modelle der Visualität."

Der Band eröffnet daher mit einem Beitrag von Bernd Mahr, der sich dem Verhältnis von Bild und Modell mit definitorischer Absicht nähert. Was das Modell zum Modell macht, sind, so Mahr, weniger seine spezifischen Eigenschaften als vielmehr bestimmte Formen der Bezugnahme. Jeder Gegenstand kann zum Modell werden, wo er als Modell dient – in „einem pragmatischen Kontext, in dem er eine bestimmte Funktion erfüllt: den Transport eines Cargo". Bilder *zeigen* etwas und dabei vor allem auch sich selbst, Modelle *transportieren* etwas: Beobachtungen, Annahmen und Beschreibungen. Diese Transportfunktion ist an Techniken der möglichst eindeutigen Lesbarmachung geknüpft, an Legenden, Beschriftungen und symbolische Verknappungen: epistemische Umgebungen, die Umdeutungen zwar nicht verhindern, aber doch einschränken können. Einmal aus diesen Kontexten gelöst, drohen Modelle jedoch ihren „Cargo" zu verlieren – um nur mehr als „Bild" angeschaut zu werden. Am Modell wird gearbeitet – Modelle erlauben nicht bloß Urteile und Prognosen, an ihnen lassen sich auch experimentelle Veränderungen vornehmen, die sich nie in der Wirklichkeit realisieren ließen: Visuelle Modelle dienen dabei als „Indikator" (Carolin Artz), sie machen „Aspekte" sichtbar, die sonst „im Gewimmel der Details" (Achim Spelten) verloren zu gehen drohen – kurz: Sie leisten und ermöglichen einen gefilterten und gegliederten Zugriff auf solche Zusammenhänge, die in ihnen überhaupt erst hergestellt werden. Dass zum Beispiel manche theoretischen Modelle erst durch Bild- und Medientechniken ihre Evidenz erlangen, kann Sebastian Vincent Grevsmühl am Beispiel der Debatten um die Kontinentalverschiebung überzeugend zeigen.

Wie in rechnergestützten Simulationen Modelle *von* etwas zugleich zu Modellen *für* wiederum weitere Modelle werden, davon handelt Inge Hinterwaldners Beitrag. Die komplexen Prozesse der Modellbildung führen dabei gerade nicht auf direktem Weg von der Theorie zum Modell, sondern erstrecken sich über eine Vielzahl von Modellierungs- und Entscheidungsschritten. Modelle sind hier weder Vor- noch Abbilder, vielmehr funktional differenzierte Zwischenergebnisse einer zugleich theoretischen wie gestalterischen Praxis.

Die Frage nach dem Modellcharakter von Bildern erlaubt nicht nur einen geschärften Blick auf ganz unterschiedliche Formen des Bildgebrauchs. Sie lässt auch die verborgenen methodischen Wahlverwandtschaften von künstlerischer und wissenschaftlicher Praxis sichtbar werden. Im „Spiel mit Modellen" (Reinhard Wendler) erweist sich immer auch deren Ernst: Denn in der Wirklichkeit des Modells liegt auch seine Wirksamkeit begründet.

Roland Meyer

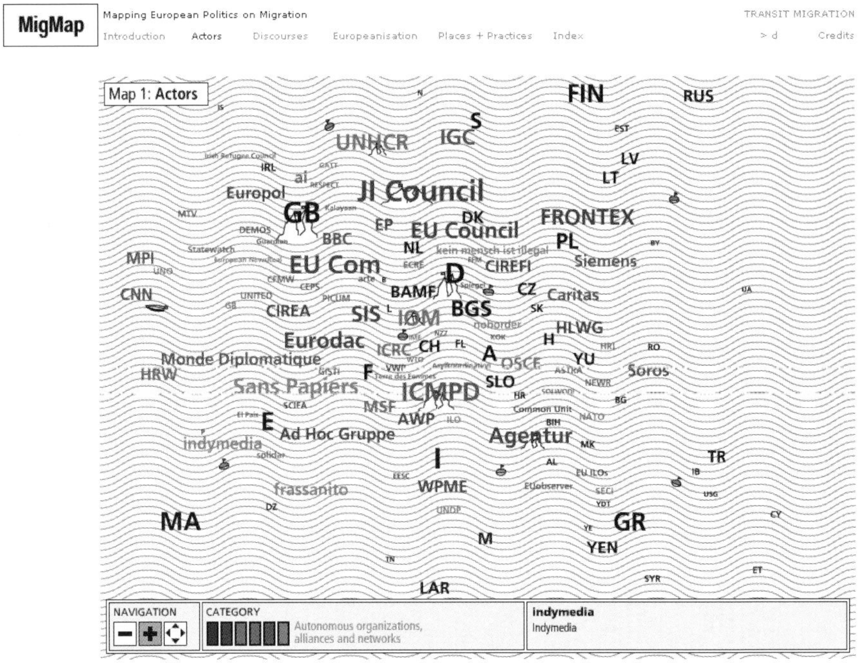

Abb. 1: TRANSIT MIGRATION/Labor k 3000: MigMap – Mapping European Politics on Migration, map 1: actors, 2005.

Projektvorstellung

MigMap – Governing Migration.
A Virtual Cartography of European Migration Policies

Blaue Wellenlinien, die eine sich permanent verändernde fluide Wasserfläche assoziieren, bilden den Hintergrund für ein kaum zu durchschauendes Gewimmel von Abkürzungen (Abb. 1). Diese Kürzel bezeichnen Akteure der Migration, wie etwa Nationalstaaten, Infrastrukturen oder Autoritäten der EU, internationale Regierungsorganisationen, regionale Organisationen, nicht-Regierungsorganisationen, Agenturen und Forschungsinstitutionen sowie autonome Organisationen und Netzwerke. Die Inschriften sind unterschiedlich groß und von unterschiedlicher Farbe, wobei Schriftgröße und Farbe die Bedeutung und Art der jeweiligen Institutionen oder Organisationen anzeigen. Ein Bildindex am unteren Rand gibt Auskunft darüber, um welche Institutionen es sich bei diesen Abkürzungen konkret handelt, weiterführende Links enthalten Informationen über ihren Status und ihre Funktionen. (Abb. 2).

Die Karte stellt dar, wieviele unterschiedliche Akteure neben den staatlichen Organen sich am aktuellen Handling von Migration beteiligen. Angaben zur Funktion und zum Eigenverständnis der einzelnen Akteure sowie Links zu ihren Selbstdarstellungen und Mission Statements im Internet vermitteln einen Einblick in die oft unscharf abgegrenzten Aufgabenbereiche, vielschichtigen Überlagerungen der Zuständigkeiten und Interessenskonflikte, welche die Summe der Akteure zu einem undurchschaubaren Filz von Aktionismus werden lässt.

Eine andere Karte stellt das Migrationsregime als Wissensregime dar (Abb. 3, Farbtafel 7). In dieser Darstellung laufen

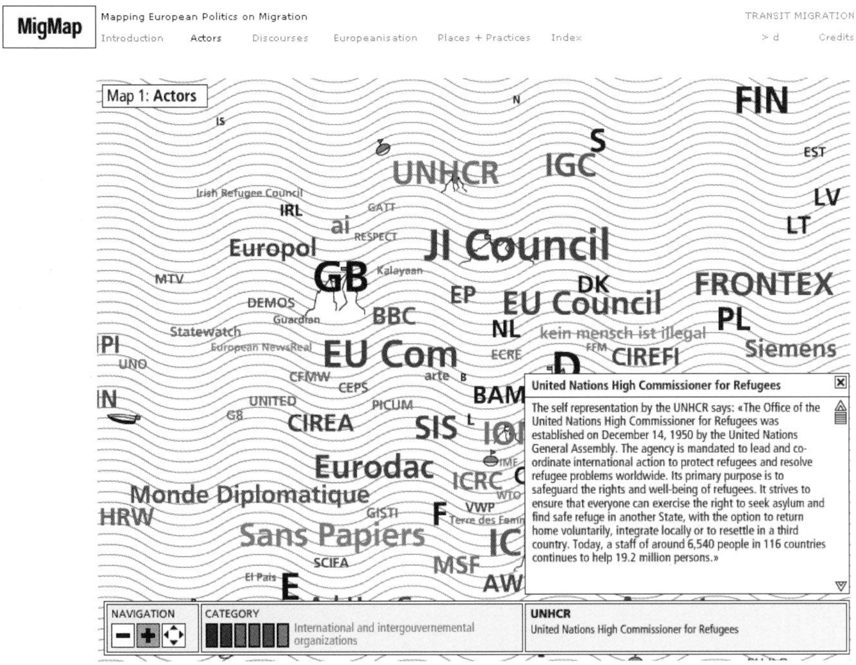

Abb. 2: TRANSIT MIGRATION/Labor k 3000: MigMap – Mapping European Politics on Migration, map 1: actors: UNHCR, 2005.

farbig markierte Themenfelder ineinander, verdrängen sich oder schließen sich gegenseitig ein. Dabei handelt es sich um die wichtigsten Diskurse, anhand derer Migrationspolitik realisiert wird oder mit denen zum Zweck der Durchsetzung bestimmter Politiken argumentiert wird: Menschenrechte, Sicherheit, Asylrecht, Trafficking, war on terrorism. Einzelne Punkte an den Berührungsstellen der Felder lassen erkennen, welche migrantischen „Subjekte" hier jeweils konstruiert werden: GastarbeiterInnen, illegale MigrantInnen, Schlepper, Opfer, Wirtschaftsflüchtlinge, politisch Verfolgte. Zwischen den Diskursfeldern der Migration und ihren Kampagnen entstehen weiße Flecken einer Gegenöffentlichkeit, während die Begrifflichkeiten rund um das ökonomistische Konzept des „Migration Management" auf der Karte als neoliberale Plattformen eingetragen sind.
Diese Karte stellt dar, dass die Diskurse niemandem „gehören", sondern die Praktiken und Argumentationen verschiedenster Akteure sich durchkreuzen und sich damit gegenseitig verstärken können, was aber auch dazu führen kann, dass vorübergehend ein Terrain entsteht, welches von bestimmten Kräften beansprucht und verteidigt wird.
Beide Karten gehören zum Projekt MigMap auf deren Webseite insgesamt vier Karten gezeigt werden. Sie sollen ein Bild davon vermitteln, wie und wo Wissen über und durch Migration zur Zeit produziert wird, wer daran partizipiert und wie die neuen Formen des suprastaatlichen Regierens im europäischen Migrationsregime funktionieren. Wie etwa die Implementierung europäischer Standards in Politik und Zivilgesellschaft abläuft, welche Stellen, Personen und Institutionen daran beteiligt sind, wie die verschiedenen öffentlichen oder privaten Akteure zusammenhängen und finanziert sind, welche inhaltlichen, räumlichen und personellen Überschnei-

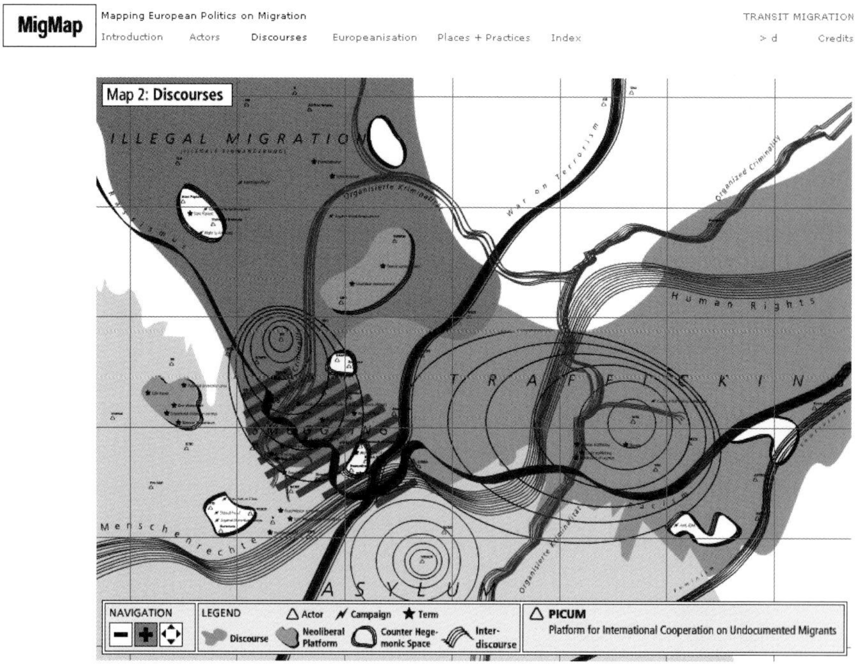

Abb. 3: TRANSIT MIGRATION/Labor k 3000: MigMap – Mapping European Politics on Migration, map 2: discourses, 2005.

dungen oder Abgrenzungen bestehen, wie Zuständigkeiten verteilt und legitimiert werden und auf welchen Theorien, Begriffen oder Diskursen die momentan gültigen Paradigmen basieren. Die Karten haben also weniger den Zweck, Gegeninformationen über die Migration zugänglich zu machen als vielmehr ihre Akteure und Strukturen darzustellen, auf ihre Funktion hinzuweisen und sie damit kritisier- und verhandelbar zu machen.

In den letzten Jahren hat sich in Europa ein neues Grenz- und Migrationsregime herausgebildet, anhand dessen sich neue, zum Teil suprastaatliche Formen des Regierens erkennen und darstellen lassen.[1] Dazu gehören z.B. nur noch teilweise oder nicht mehr staatlich kontrollierte Organisationen, welche im Auftrag der Staatengemeinschaft das Management einzelner gesellschaftlicher Bereiche übernehmen, wie die IOM (International Organization for Migration), oder neue Formen der Wissensproduktion und des Wissensmanagements mittels Datenvernetzung, wie sie z.B. im SIS (Schengen Information System) praktiziert werden. Neben offensichtlichen Akteuren wie IOM, UHNCR oder EU, spielen viele kleinere, halböffentliche oder private NGOs, zahlreiche migrantische Initiativen, aber auch einzelne Personen und Forschungsinstitute eine Rolle. Die komplexe Wirklichkeit der Migration lässt sich nicht mehr länger einfach „abbilden“, vielmehr nur assoziativ, entlang scheinbar unverbundener Teilaspekte erschließen. Die Migrationsrealitäten zu Beginn des 21. Jahrhunderts sollen dabei als ein dynamisches Kräftefeld zur Darstellung gebracht werden, indem die Wechselwirkungen zwischen AkteurInnen und Diskurs, zwischen staatlichen Politiken und Migration, zwischen Subversion und Kontrolle vorstellbar gemacht werden. Über die vier bisher erarbeiteten Karten „Akteure“, „Diskurse“, „Europäisierung“

und „Orte und Praktiken“ sind zahlreiche Informationen zu einzelnen Institutionen, Debatten, Prozessen und Ereignissen abrufbar, welche in ihrem Zusammenspiel das ergeben, was momentan die Europäische Migrationspolitik ist. Die Möglichkeit der Verknüpfung von Übersicht mit Informationen zu einzelnen Details ist auch einer der zentralen Gründe, warum das Projekt für das Internet konzipiert wurde. Ein anderer ist die Option, die Karten bei Bedarf laufend anpassen und nachtragen und mit weiteren (z.B. interaktiven) Funktionen versehen zu können. Je nach Bedürfnis punktuell abrufbare und kontinuierlich veränderbare Repräsentation, welche MigMap darstellt, wird dem Anspruch einer nichtobjektivierenden Darstellung sicher besser gerecht als z.B. eine gedruckte Karte oder Publikation.

MigMap wurde 2005/06 im Rahmen von TRANSIT MIGRATION und als ein künstlerischer Beitrag zur Ausstellung *Projekt Migration* entwickelt und von Labor k 3000 realisiert in Zusammenarbeit mit Helmut Dietrich, Matthew Gaskins, Sophie Goltz, Nana Heidenreich, Sabine Hess, Sylvia Kafhesy, Serhat Karakayali, Astrid Kusser, Maureen Müller, Efthimia Panagiotidis, Susanna Perin, Peter Spillmann, Vassilis Tsianos, Michael Vögeli und Marion von Osten.

Weitere Informationen und Karten unter: http://www.transitmigration.org/migmap/

Serhat Karakayali und Peter Spillmann

1 Siehe dazu auch den Beitrag von Anke Strüver in diesem Band

Bildnachweis

Titelbild: Innentitel: Philipp Galle nach Marten van Heemskerck: Collage nach ‚Natura', 1572 (The New Hollstein Dutch & Flemish Etchings, Engravings and Woodcuts 1450–1700, Roosendaal 1994, S. 183).
Editorial: Francis Bacon: Neues Organon. Lateinisch-deutsch, hg. v. Wolfgang Krohn, Bd. 1, Hamburg 1990, S. 1.
Niels Werber: Abb. 1: Thomas Hobbes: Leviathan, Londen 1651. **Abb. 2:** Johannes Sambucus: Emblemata, Antwerpen 1564, S. 24. **Abb. 3:** Eric Bonabeau, Marco Dorigo, Guy Theraulaz: Swarm Intelligence. From Natural to Artificial Systems, New York u.a. 1999. **Abb. 4:** E. O. Wilson, M. W. Moffett: Ameisen. Gemeinsam erfolgreich. In: National Geographic, dt. Ausgabe, August 2007, S. 76/77. Foto: M. W. Moffett. **Abb. 5:** Peter Miller: Schwarmintelligenz. In: National Geographic, dt. Ausgabe, August 2007, S. 47. Foto oben: Christian Ziegler, Minden Pictures; Foto unten: Peter Essick. **Abb. 6:** Wie Abb. 5, S. 12/13. Foto: Manuel Presti.
Francesca Falk: Abb. 1: The J. Paul Getty Museum, Los Angeles, Carleton Watkins, 1866, 41 x 52.2 cm. **Abb. 2:** California Land Case Collection, 19xx.096:08—fff ALB digital scan, Courtesy of The Bancroft Library University of California, Berkeley.
Karsten Heck: Abb. 1: © Bildarchiv Foto Marburg (Negativ-.Nr.: 1.295.171). **Abb. 2:** Foto: Karsten Heck. **Abb. 3:** David Friedman, Paolo Pirillo (Hg.): Le Terre Nuove. Atti del Seminario internazionale dai Comuni di Firenze e San Giovanni Valdarno, Florenz 2004, Tav. 1. **Abb. 4:** Montage: Karsten Heck, unter Verwendung von Kathrin Hoffmann-Curtius: Das Programm der Fontana Maggiore in Perugia, Düsseldorf 1968, Abb. 13. **Abb. 5:** Enrico Guidoni (Hg.): Arnolfo di Cambio urbanista, Rom 2003, S. 48, Abb. 52.
Faksimile: Abb. 1: Stielers Hand-Atlas Nr. 8, Gotha: Justus Perthes 1823, Universitäts- und Forschungsbibliothek Erfurt/Gotha, Sammlung Perthes. **Abb. 2–5:** Stielers Hand-Atlas, 254 Haupt- und Nebenkarten in Kupferstich, Zehnte Auflage/Hundertjahr-Ausgabe, herausgegeben unter Leitung von Prof. Dr. H[ermann] Haack in Justus Perthes' Geogr. Anstalt, Gotha: Justus Perthes [Expansions- und Kriegsausgabe 1927–1942], Hand- und Korrekturexemplar des Verlages. Universitäts- und Forschungsbibliothek Erfurt/Gotha, Sammlung Perthes, FBG SPA 2° 000045 (1); (6); (9); (13).
Bildbesprechung: Abb. 1: © AFP. **Abb. 2:** © AFP. **Abb. 3:** © Reuters.
Gerhard Scholtz: Abb. 1–2: Fotos: Gerhard Scholtz.
Mechthild Fend: Abb. 1: Jacques Gamelin: Nouveau recueil d'ostéologie, 1779. **Abb. 2:** Jean-Galbert Salvage: Anatomie du Gladiateur, 1812, Tafel 5. **Abb. 3:** Wellcome Images. **Abb. 4:** Wellcome Images. **Abb. 5:** Jean-Galbert Salvage: Anatomie du Gladiateur, 1812, Tafel 1, **Abb. 6:** Julien Fau: Atlas de l'antomie du corps humain, 2. Aufl. 1866.
Martin Kemp: Abb. 1: © Royal Academy of Arts, London; photographer P. Cuming Associates. **Abb. 2:** Johannes de Ketham: Fasciculo de medicina, Venice 1493. **Abb. 3:** Giambattista della Porta: De humana physiognomia, Vico Equense, 1586, p. 34. **Abb. 4:** John Pope-Hennessy: Cellini, Milano 1986, Tav. 118. **Abb. 5:** Archiv DTB. **Abb. 6–8:** Privatarchiv Martin Kemp. **Abb. 9:** Courtesy of The Warden and Fellows of Merton College Oxford. **Abb. 10:** Amy Walsh, Edwin Buijsen, Ben Broos: Paulus Potter, Schilderijen, tekeningen en etsen, Den Haag 1995, S. 129. **Abb. 11:** © Disney. **Abb. 12:** http://www.fizogg.co.uk. (Stand: 10/2008). With permission of FIZOGG. Professional Face Painting.
Rezension: Sven Dupré: Jutta Schickore: The microscope and the eye. A History of Reflections 1740–1870, Chicago 2007, Cover.
Projektvorstellung: Abb. 1 u. 2: http://www.transitmigration.org/migmap/home_map1_d.html; **Abb. 3:** http://www.transitmigration.org/migmap/home_map2_d.html

Bildtableau 1: 1: École nationale supérieure des beaux-arts de Paris (ENSBA), Inv. MU 11990 bis. **2:** William R. Macauley/ Angel J. Gordo-López: From Cognitive Psychologies to Mythologies. Advancing Cyborg Textualities for a Narrative of Resistance. In: The Cyborg Handbook, hg. v. Chris Hables Gray, New York/London 1995, S. 433–444, hier S. 439. **3:** Deutsches Uhrenmuseum Furtwangen. **4:** Paula Gaetano Adi, 2006. **5:** Jacopo Berengario da Carpi: Isagogae breves per lucide ac uberrime, in Anatomia humani corporis a communi Medicorii Academia usitata, Bologna 1523, fol. 6v. **6:** Magnus Hirschfeld: Geschlechtskunde, auf Grund dreißigjähriger Forschung und Erfahrung bearbeitet, Bd. 4. Bilderteil, Stuttgart 1930, S. 589, Abb. 872 und 873. **7:** Hans-Hermann Groppe, Frank Jürgensen: Gegenstände der Fremdheit. Museale Grenzgänge, Marburg 1989, S. 44. **8:** Filippo Bonanni: Musaeum Kircherianum sive Musæum A P. Athanasio Kirchero in Collegio Romano Societatis Iesu [...], Rom 1709, S. 250, Taf. 8. **9:** W. Abel: Physiognomik und Mimik. In: Günther Just u.a. (Hg.): Handbuch der Erbbiologie des Menschen, Bd. 2, Berlin 1940, S. 425–461, hier S. 428. **10:** La sentenza data a Guglielmo Piazza e Gio. Giacomo Mora. Florenz/Neapel/Bologna 1631, Detail des Frontispiz. **11:** Florian Horsthemke. **12:** Johann Caspar Lavater: Physiognomische Fragmente [...], Leipzig/Winterthur 1775–1778, Bd. 2 (1776), S. 126. **13:** Otto Kampinski: Studien über künstliche Glieder. Atlas, Berlin 1881, Tafel 32. 14: Mary Hahn: Praktisches Kochbuch f. d. bürgerl. Küche, Berlin o.J., S. 147. **15:** Florian Horsthemke. **16–17:** Hanna Felski. **18:** Nach E. Heyer: Witterung und Klima, Leipzig 1988, S. 171, Abb. 130. **19:** Fritz Kahn: Das Leben des Menschen. Eine volkstüml. Anatomie, Biologie, Physiologie und Entwicklungsgesch. d. Menschen, Band. 1, Stuttgart 1926, S. 121. **20:** Albrecht Dürer: Passio Christi ab Alberto Dürer Nurenbergensi effigiata [...], Nürnberg 1511, o. S. [Taf. 35]. **21:** Heinrich Berghaus: Physikalischer Schul-Atlas. Bestehend aus acht und zwanzig in Kupfer gestochenen und colorirten Karten. Ein Auszug aus des Verfassers großem physikalischem Atlas, Gotha 1850, Taf. 20, Detail. **22:** Panasonic Deutschland. **23:** Franciscus de Retza: Defensorum Inviolatae Virginitatis Beatae Mariae, Basel ca. 1490, o.S. **24:** Erlangen, Universitätsbibliothek, Inc. 1302.

Bildtableau 2: 1: Hanna Felski. **2:** Architectural Review, Bd. 123, 1958, Cover. **3:** Hans Holbein d.J.: Bilder des Todes. 41 Holzschnitte, Leipzig 1989. **4:** Ortus Sanitatis. De Herbis et Plantis. De Animalibus Et Reptilibus [...], [Straßburg] 1517, Caput LXXXII [82]. **5:** Roland Schmitt: Grenzsteine. Zur Geschichte, Typologie und Bewahrung von historischen Grenzzeichen aus Stein, Mandelbachtal 2003, S. 57. **6:** Pietro Cataneo: L'Architettura di P. C. Senese, Venedig 1567, Libro Primo, Capitolo XVI. **7:** Friedrich Justin Bertuch: Bilderbuch für Kinder, Bd. 1, Weimar 1792, Taf. 57, Abb. 3. **8:** Louis-Marie-Joseph Morel d'Arleux: Dissertation sur un Traité de Charles Lebrun concernant le Rapport de la Physionomie Humaine avec celle des Animaux, Paris 1806, Taf. 27B. **9:** Winfried Nerdinger, Klaus Jan Philipp, Hans-Peter Schwarz: Revolutionsarchitektur – Ein Aspekt der europäischen Architektur um 1800, München 1990, S. 229, Abb. 73b. **10:** Sebastiano Serlio: Tutte l'opere d'architettura, Bd. 6, Libro Estraordinario, Venedig 1584, fol. 17r. **11:** Florian Horsthemke. **12:** Leonardo Benevolo, Benno Albrecht: Grenzen. Topographie, Geschichte Architektur, Frankfurt/New York 1995, S. 10, Abb. a. **13:** Archiv Das Technische Bild. **14:** Der obergermanisch-raetische Limes des Römerreiches, hg. v. Ernst Fabricius, Friedrich Leonhard u.a., Abt. A, Strecke 1, Der Limes vom Rhein bis zur Lahn, Heidelberg 1915, Detail aus Abb. 4, nach S. 42. **15:** Ebd.: Abt. B, Bd. 1,6, Das Kastell Holzhausen, Heidelberg 1904, hintere Umschlagklappe. **16:** Halford John Mackinder: Democratic Ideals and Reality. A Study in the Politics of Reconstruction, London 1919, S. 144f., Abb. 26. **17:** Hanna Felski. **18**: Florian Horsthemke. **19:** Florian Horsthemke, nach: Dorn (Hg.): Physik Mittelstufe. Ausgabe A. Hannover 1969, S. 193, Abb. 193.2. **20:** http://commons.wikimedia.org/wiki/Image:Passportstempel.jpg. **21:** Joseph F. Gliddenus: Improvement in Wire Fences, U.S. Patent Nr. 157124, 27. Oktober 1873, Abb. 3. **22:** Imperial War Museum London, Ministry of Information, First World War Official Collection, Inv. Nr. Q 3990. **23:** Archiv Das Technische Bild, Preiser GmbH Steinsfeld.

Leider war es nicht in allen Fällen möglich, die Inhaber der Rechte zu ermitteln.
Es wird deshalb ggfls. um Mitteilung gebeten.

Die AutorInnen

Prof. Dr. Rüdiger Campe
Department of German, Yale University

Dr. Sven Dupré
Centre for History of Science, Ghent University

Francesca Falk M. A.
eikones/NFS Bildkritik, Universität Basel

Dr. Mechthild Fend
Department of History of Art, University College London

Karsten Heck M. A.
Das Technische Bild, Hermann von Helmholtz-Zentrum für Kulturtechnik, Humboldt-Universität zu Berlin

Dr. Serhat Karakayali
Centre for Post-Colonial Knowledge and Culture, Berlin

Prof. Dr. Martin Kemp
Department of the History of Art, University of Oxford

Roland Meyer M. A.
Fachbereich Kunst- und Kulturgeschichte im Studiengang Architektur, Universität der Künste Berlin

Prof. Dr. Gerhard Scholtz
Institut für Biologie, Vergleichende Zoologie, Humboldt-Universität zu Berlin

Dr. Steffen Siegel
Interdisziplinäre Arbeitsgruppe „Bildkulturen", Berlin-Brandenburgische Akademie der Wissenschaften

Peter Spillmann
Centre for Post-Colonial Knowledge and Culture, Berlin

Dr. Anke Strüver
Institut für Geographie, Westfälische Wilhelms-Universität Münster

Dr. Petra Weigel
Universitäts- und Forschungsbibliothek Erfurt/Gotha, Standort Gotha

Prof. Dr. Niels Werber
Fakultät für Kulturwissenschaften, TU Dortmund

Prof. Dr. Gabriele Werner
Institut für Kunstgeschichte, Universität Wien

Dr. Claus Zittel
Kunsthistorisches Institut Florenz sowie Sonderforschungsbereich/Forschungskolleg „Wissenskultur und gesellschaftlicher Wandel", Goethe-Universität Frankfurt am Main

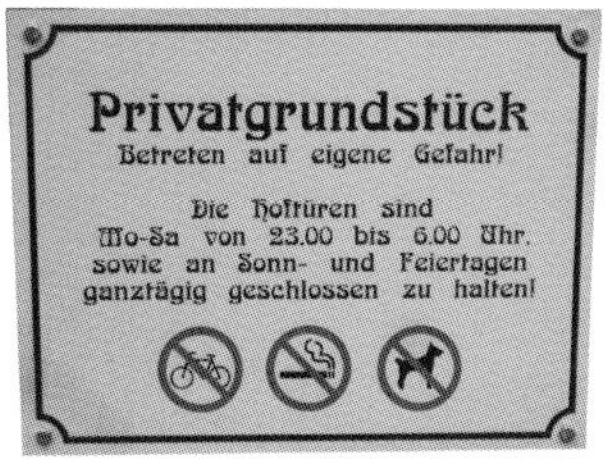

1

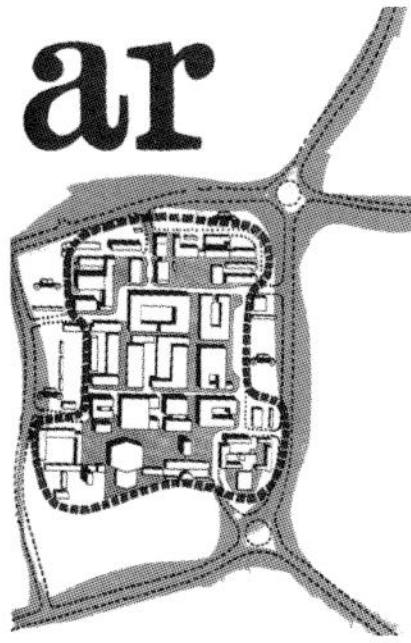

2

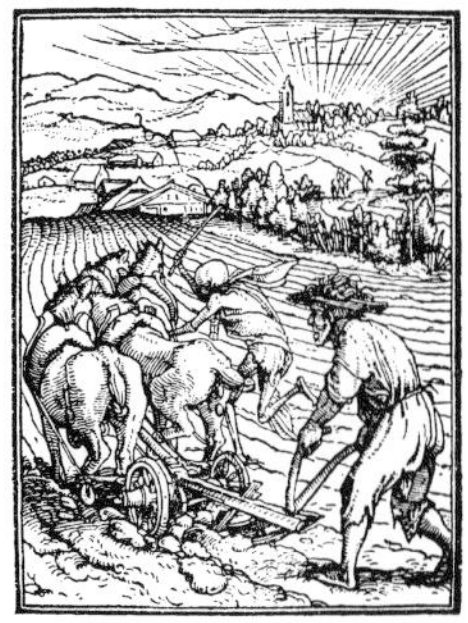
3

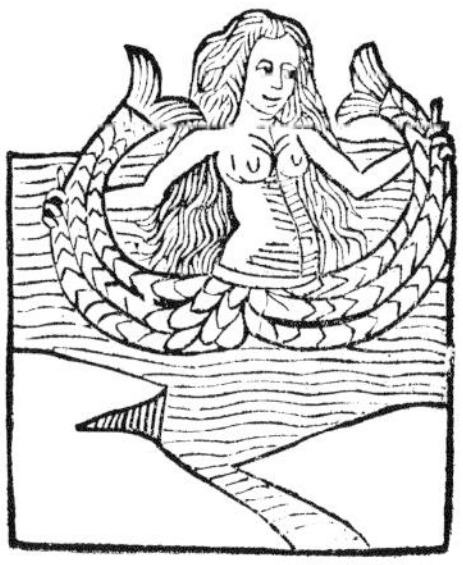
4

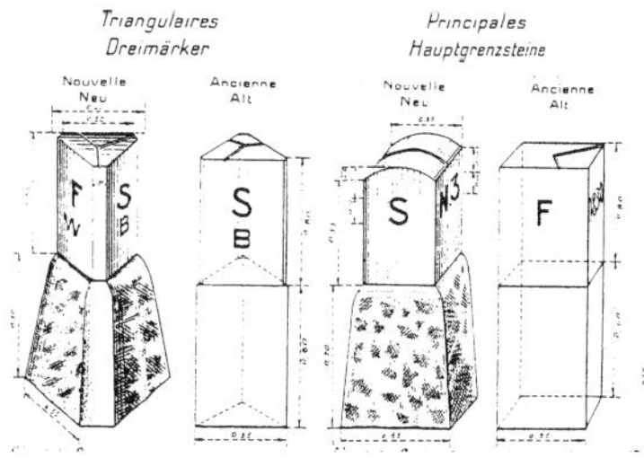

5

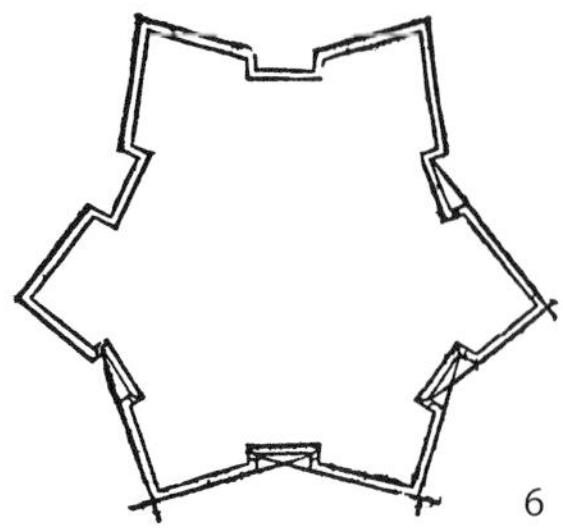
6

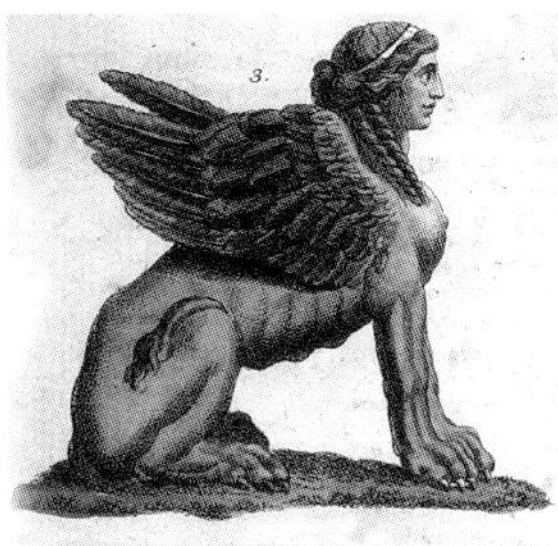
7

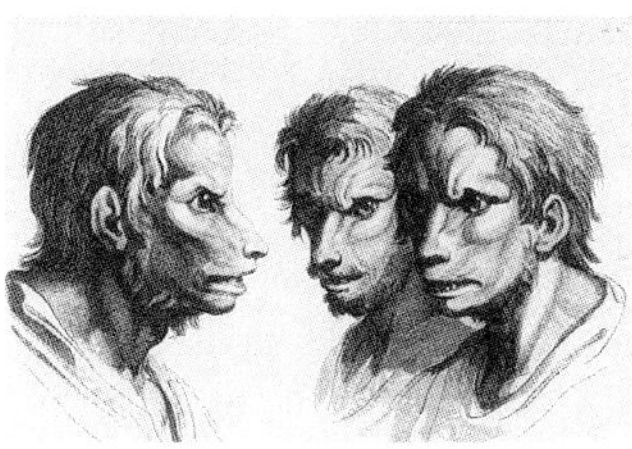
8

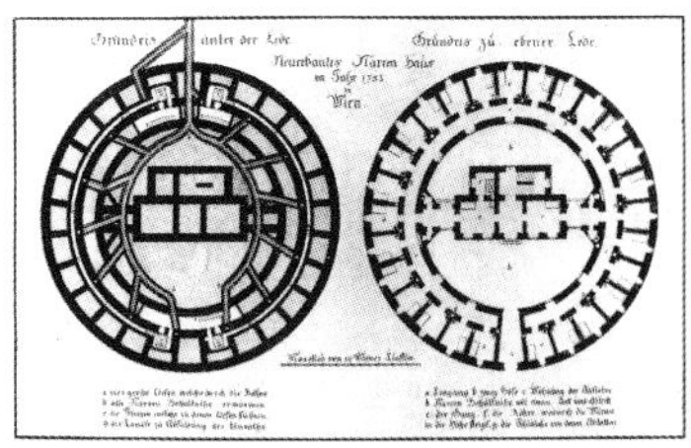
9

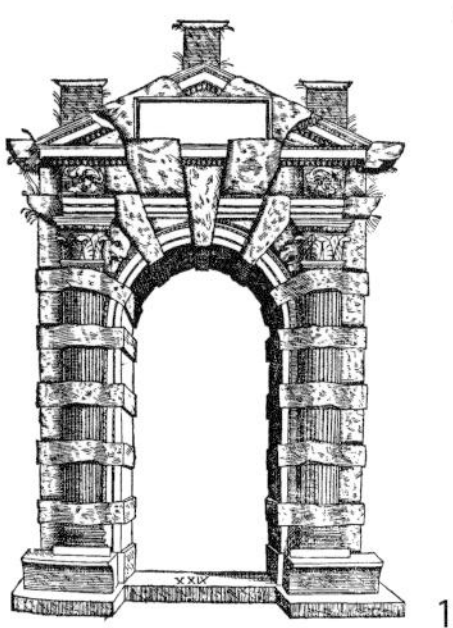
10

11

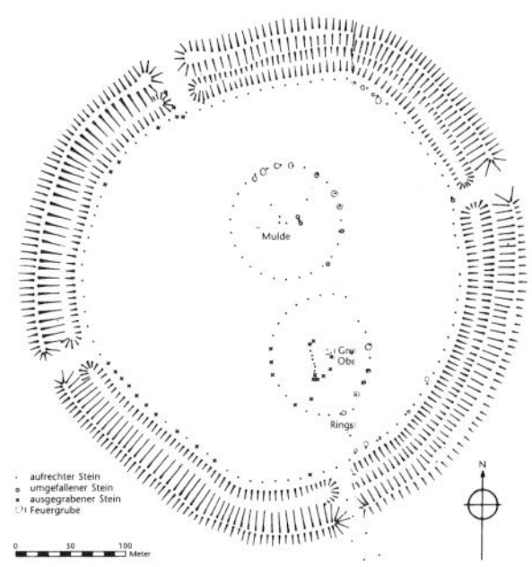

12

1: Hinweisschild in Berlin-Mitte. **2:** Cover der Architectural Review mit einem zeitgenössischen Verkehrskonzept zur räumlichen Trennung von Autoverkehr und Fußgängern, 1958. **3:** Hans Holbein d.J.: Der Ackerman. Aus der Holzschnittfolge „Bilder des Todes", 1538. **4:** „Scilla monstrum est". Fabelwesen der Meerenge von Messina. Aus dem Ortus Sanitatis, 1517. **5:** „Kennzeichen der verschiedenen Arten der Grenzsteine", Detail aus einem anonymen Holzstich, 1892. **6:** Entwurf Pietro Cataneos für eine Festung im Gebirge, 1567. **7:** „Griechische Sphynx", aus Bertuchs Bilderbuch für Kinder, 1792. **8:** Drei menschliche Köpfe, abgeleitet vom Profil des Wolfes. Kupferstich von André Le Grand nach einer Zeichnung Charles Le Bruns, 1806. **9:** „Neuerbautes Narren Haus im Jahr 1783 in Wien", Kupferstich 1783. **10:** Entwurf eines Tores mit Rustika aus Sebastiano Serlio: Libro Estraordinario, 1584. **11:** Bilderrahmen. **12:** Avebury. Plan des rituellen Kreises (henge), um 2400 v. Chr., mit zwei runden Altären in der Mitte der Anlage aus Erdwall und Graben.

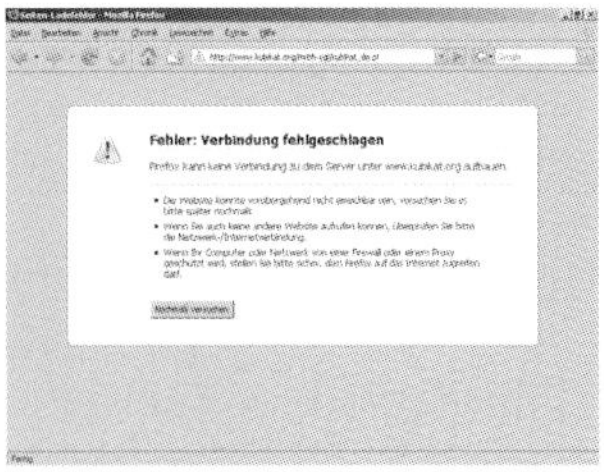

13

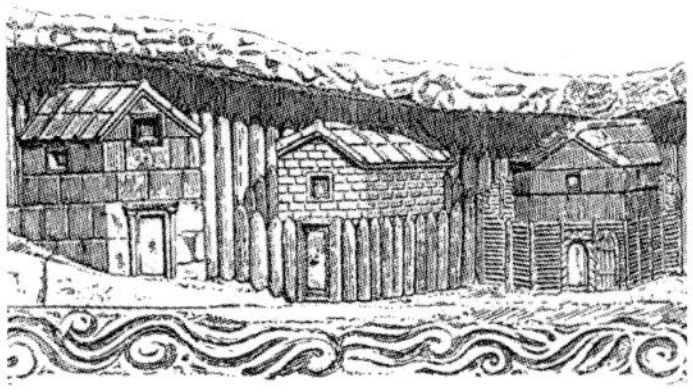

14

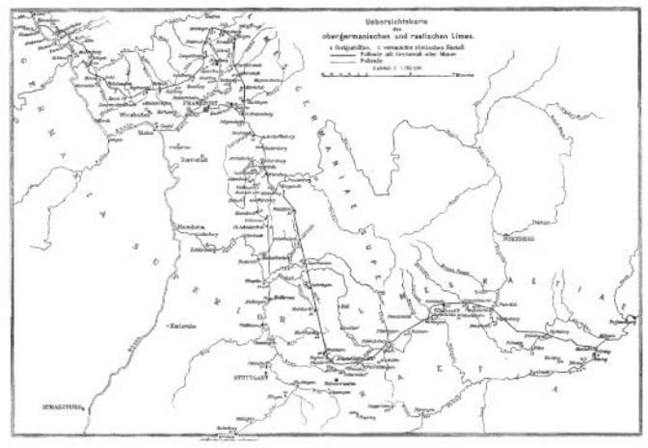

15

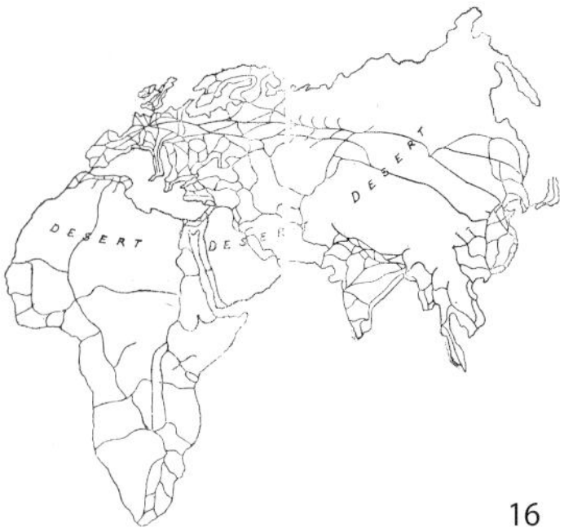

16

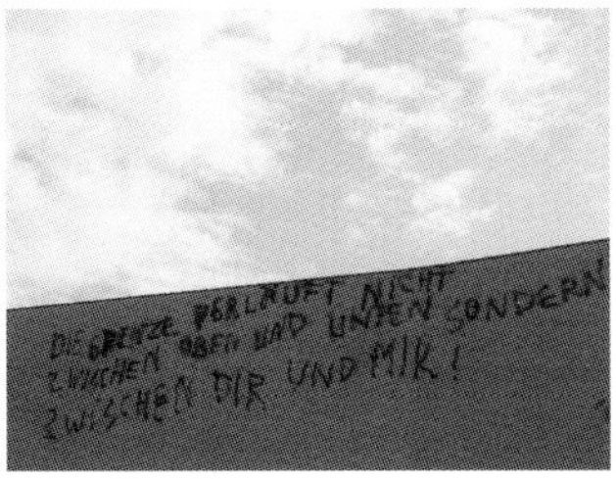

17

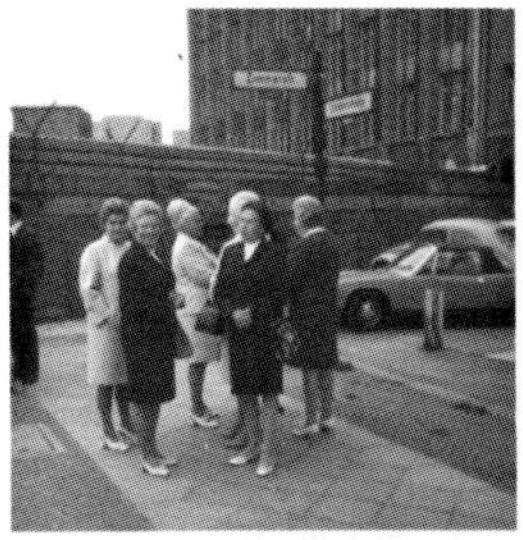

18

19

20

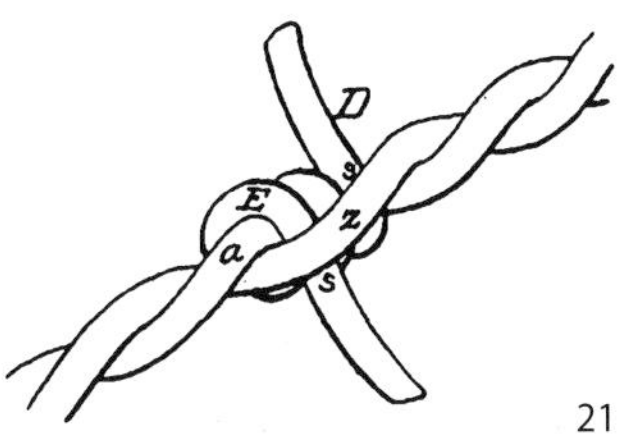

21

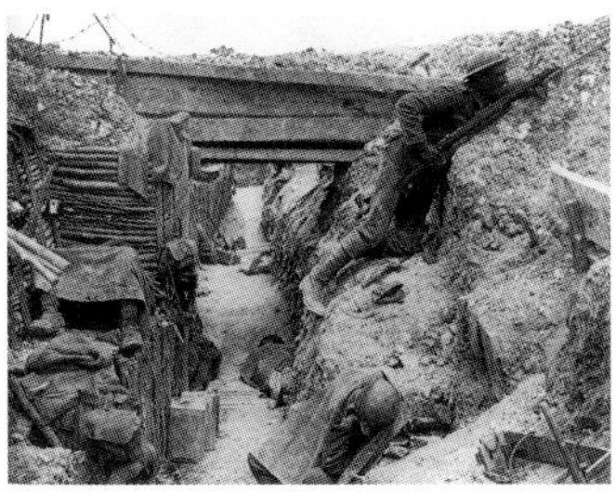

22

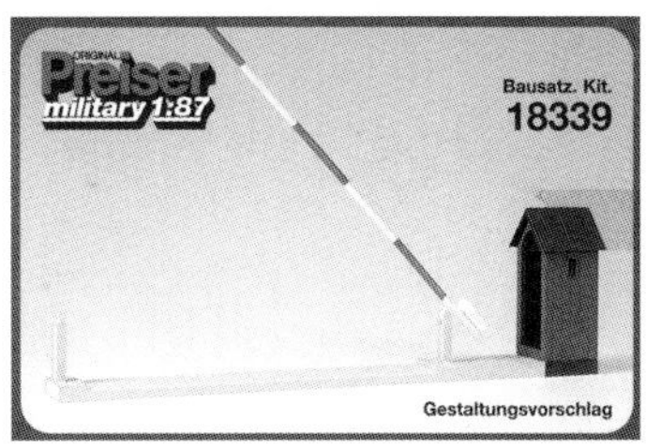

23

13: Warnhinweis bei fehlender Computer-Netzwerkverbindung. **14:** Römische Befestigungsanlagen im Reliefband der Markussäule. Umzeichnung von Friedrich Leonhard, 1915. **15:** „Übersichtskarte des obergermanischen und raetischen Limes" nach den Ergebnissen der Reichs-Limes-Kommission, 1904. **16:** Geplante Vernetzung Europas, Asiens und Afrikas zur „World-Island" durch Eisenbahn und Flugrouten, nach H. J. Mackinder, 1919. **17:** Graffiti an einer Hauswand in Berlin-Kreuzberg. **18:** Kegelfreundinnen aus dem Ruhrgebiet vor der Berliner Mauer, Zimmer- Ecke Lindenstraße, Mitte 1960er Jahre. **19:** Experiment zum blinden Fleck: Bei geschlossenem linken Auge fokussiert das Rechte das Kreuz. Beim Näherrücken der Abbildung verschwindet der bis dahin sichtbare Punkt. **20:** Reisepass mit Visastempeln zum Grenzübertritt der DDR, Anfang 1980er Jahre. **21:** Detail aus der Patentschrift Joseph Gliddens zu einem neuen Drahtzaun, 1873. **22:** J. W. Brooke (Lt): Britische Soldaten in einem eroberten deutschen Schützengraben bei Ovillers-la-Boisselle an der Somme, Juli 1916. **23:** Modellbausatz eines Grenzhäuschens mit Schlagbaum aus der Serie „Preiser military".

Bildwelten des Wissens
Kunsthistorisches Jahrbuch für Bildkritik. Band 6,2

Grenzbilder

Herausgeber
Prof. Dr. Horst Bredekamp, Dr. Matthias Bruhn, Prof. Dr. Gabriele Werner

Verantwortlich für diesen Band
Dr. des. Angela Fischel

Redaktion
Das Technische Bild

Mitarbeiter
Jana August, Hanna Felski, Florian Horsthemke, Violeta Sánchez

Lektorat
Rainer Hörmann

Layout
Dr. Birgit Schneider
Satz: Hanna Felski & aroma, Berlin

Adresse der Redaktion
Humboldt-Universität zu Berlin
Hermann von Helmholtz-Zentrum für Kulturtechnik
Das Technische Bild
Unter den Linden 6
D – 10099 Berlin
dtb@culture.hu-berlin.de
Fon: +49 (0) 30 2093 2731
Fax: +49 (0) 30 2093 1961

ISSN 1611-2512
ISBN 978-3-05-004530-6

Das Jahrbuch „Bildwelten des Wissens“ erscheint jährlich in 2 Teilbänden.

Druck: Medienhaus Berlin
Printed in Federal Republic of Germany